姜尚中

Kang Sang-jung

a pilot of wisdom

――「悪」の存在を教えてくれた「A」に――

目次

第二章　悪とは何か

二、闇の中からの悪

三、悪は空虚を好む

第三章　なぜ悪は栄えるのか——113

プロローグ

世の中、どうなっているんだ。

悪がのさばり、善が凹《へこ》み、その結果、フツーの人が不幸になったり辛酸を舐《な》めたりしなければならないなんて……。

そんなふうに思ったことはないでしょうか。この思いは、今にはじまったことではなく、歴史を振り返れば、ずっとそうだったと言えるかもしれません。

悪が栄え、闇が光を払いのける、それが現実だからこそ、私たちはドラマやフィクションの世界の勧善懲悪で、しばし溜飲を下げているのかもしれません。

でも、私はずっと悪に憧れていました。

こう言うと、「ん?!」と思われるかもしれません。でもそうだったのです。悪は何かしら魅力的で、陰影に富み、日常の退屈を追い払うような力を発しているように思えたのです。だからでしょうか、私は小説やドラマ、映画でも、悪役が大好きでした。自分もあんな悪役をやってみたい、自分ならポーカーフェイスの不気味な悪人に「変身」できるのに、などと思ったりしたものです。

それではなぜ、悪に憧れ、悪役をやってみたいなどと思ったのでしょうか。答えは簡単です。悪には、自分にない何かがありそうに見えたからです。

世の中の決まり事を屁《へ》とも思わず、戒律も道徳も歯牙にもかけず、時には神にもあえて挑戦するような悪。それを体現した悪人は、善人ぶった偽善者より、いつも他人の目を気にして怖《お》ず怖《お》ずしている「小物」より、どんなに潔く、剛胆で、魅力的に見えたことでしょう。

結局、私は自分の中の、悪に手を染めることのできない臆病な小市民性をふがいないと思い、その隠された欲望を悪役に投影していたのかもしれません。

しかし、六十代の半ばにしてはじめて、私は、悪が人の中に巣食い、それがまるで病原菌のように人の心を蝕《むしば》んでいく悪の連鎖を目の当たりにすることになりました。その時の経験を通じて、「悪人というものは、実際に存在するのだ」という確信がはじめて、私の中に芽生えたのです。

その驚きたるや、ずっと映画の悪役に憧れてきた気持ちなど吹っ飛んでしまうほどでした。なぜなら、悪は、それを体現する悪人は、ドラマの世界とはまったく違って陳腐で、みすぼらしく、そして一見すると、いかにも「善良」に見えたからです。

悪は、「空っぽ」ではないか。それが驚きだったのです。

と同時に、「許せない」という感情が、沸騰したお湯のように湧《わ》いてくるのを自分でもどうすることもできませんでした。そんな時に、たまさか、イギリスの文芸批評家テリー・イーグルトンが悪について書いた『On Evil』を読み、私は、悪について書いてみようと思い立ったのです。

振り返ってみれば、私は、家族でも友人でもない人間が、悲劇的な事件の被害者に過剰に感情移入し、加害者の悪を激しく責め立てる光景にどこか鼻白む思いがしていました。もともと涙もろい性格であることを自覚していたこともあり、テレビや新聞などの公的な場では、なるべく感情的にならないよう目前の事象と距離をとり、できるだけ冷静に語ろう、分析しよう、俯瞰《ふかん》してモノを見ようとしてきたつもりです。

しかし、そんな私がいま「こいつだけは許せない」という強烈な感情の虜《とりこ》になってしまったのです。

そのお蔭でしょうか、視聴者の中に「リベラル」な言論人やコメンテーターの冷静な発言に対して、「偉そうにいいやがって」とか、「こいつは人の気持ちがわからないんだ」という反感を抱く人がいることをよく理解できるようになりました。なるほど、いい勉強になった、という思いと同時に、自分の中に芽生えた荒々しい感情と、どう付き合っていけばよいのか、思案に暮れました。

そんなこともあり、本書で私は、悪とは何なのか、そして、悪とどう向き合えばいいのかということを、徹底的に考えてみました。

そして、わかってきたのは、「こいつだけは許せない」という感情の芽生えは、人間性を深め、人と人との繋《つな》がりを回復するチャンスなのだ、ということです。なぜなら、そうしたネガティブな感情の裏には、自らの内側に芽生えた「憎悪」のエネルギーを、他の人間にも共感・理解してもらいたい、人と繋がりたいという切なる願いがあるからです。この意味で、「許せない」という荒々しい感情の根底には、じつは、どす黒いエネルギーだけではなく、社会に繋がりたいという共感への回路も潜んでいるのです。

見渡せば、私たちの周りでは、小さな悪から大きな悪に至るまで「悪の力」が我が物顔でのさばっているように見えます。

そのパワーの源泉がどこにあるのかを見極め、そのエネルギーとどう向き合っていけばいいのか、それは、今を生きる私たちにとって——いや、何よりも、身を引き裂かれるような「不幸」も味わい、ひと頃は、『旧約聖書』の『ヨブ記』のヨブのように、不信と瀆《とく》神《しん》の醜い感情の虜にもなったことのある私自身にとって、格闘するに値する難問です。

本書を通じて、読者の皆さんと一緒にこの難問にチャレンジしてみたいと、切に願っています。

第一章　悪意に満ちた世界

一、私たちの中の悪

悪を実感させる事件――川崎市中一男子生徒殺害事件

この世にやはり悪はある。そんな実感を呼び起こす事件が絶えません。思いつくままに、世間を震撼《しんかん》させた最近のいくつかの事件をとりあげてみましょう。

二〇一五年二月、川崎市の多摩川河川敷で中学一年生の上村遼太君（十三歳）が少年たちに惨殺された事件はみなさんの記憶に新しいはずです。上村君は加害者の少年たちに、殴る蹴るの暴行を受けた後、真冬の川に全裸で放り込まれ、その後もカッターナイフで首や顔を切られるなど、拷問のような責め苦に遭い、最後は息絶えてしまいました。しかも少年たちはその遺体を足で転がしながら運んだという事実も明らかになっています。

上村君の事件を受けて文部科学省は、一週間以上にわたって当人と連絡がとれなかったり、学校外の集団とのかかわりで、上村君と同じように身体や生命に被害が生じるおそれがある児童生徒が全国に四百人いるという緊急確認調査の結果を公表しました。実際にはこの数倍の人数にのぼるのかもしれません。その氷山の一角が残虐極まりない殺人事件としてあらわになったわけです。

このむごたらしい事件をめぐって、多くの人びとの憤りが一挙に噴出しました。被害者がまだ十三歳であるということ、しかも性格が明るく同級生の人気者であったことから、世間の同情が集まりました。当然ながら、加害者の少年たちは、「鬼畜」同然に罵《ののし》られることになります。

とくに十八歳の主犯格の少年に対しては、世間の怒りの声が収まらず、私もよく「あいつは、死刑ですよね」という言葉を耳にしました。ネット上ではこの主犯格の少年をはじめ、仲間の少年たちの顔がさらされ、さながら私刑《リンチ》のようなことになってしまいました。上村君をむごいやり方で殺した少年に対して、「悪の印」をぺたりと貼り付けようとしたわけです。

そうなると、主犯格の少年について、家庭環境がどうであったとか、人間関係はどうであったとか、彼の人間的な側面にきちんと光が当てられることはほとんどなかったように思います。「鬼畜」のような少年の家庭環境や社会的条件を考慮すること自体、許されないような空気があったからです。そんなことで「鬼畜」の中に潜む悪が少しでも免罪されることがあってはならない――誰もが、そう考えました。それをざっくばらんに要約すると、こんなふうになるのでしょうか。

「こんなヤツ、生かしておいちゃダメだ！　少年法で守られるなんてことがあってたまるか！　性根が腐ったヤツは、腐ったヤツなんだ！　更生なんてありっこないよ。死刑だね、死刑さ！」

ひどいやり方で殺された上村君の遺族のことを思えば、そうした発言もわからないわけではありません。もし、自分たちが被害者の遺族になったら、加害者を八つ裂きにしても足りない。そんな気持ちに駆られるのは、誰しも同じかもしれないからです。

でも、少し立ち止まって考えてみると、いくつかの矛盾に気がつきます。もし主犯格の少年が、「根っから」の「ワル」だとした場合、それはどこに原因があるのか、必ずしも明らかではありません。

ワルはもともとワルだから、「鬼畜」のような悪をやってのけるのか。あるいは、この主犯格の少年は、悪魔に魅入られ、悪にとり憑《つ》かれていたのか。いずれにしても、この少年はもともとワルだったということになれば、彼は自分の自由にならない何かによって操られ、悪をなしたことになります。「鬼畜」という言葉が表しているように、「人間」ではないとなると、彼を「人間」として裁くことは矛盾していることにならざるをえません。

「鬼畜」か「自由意志」か

こうした「鬼畜」論に対して、反対にこの少年について、次のような「自由意志」論が出てくるはずです。「彼は、もう大人同然の責任能力をもっており、あんなひどいことを自分の意志でやったのだから、その重大な罪を自分で購《あがな》うべきだ」という考えです。

もし、この考えを推し進めていけば、人間の自由と悪の問題に行き着かざるをえません。

つまり、人間には自由があり、だからこそ、悪をなすことがあるという考えです。逆に言えば、悪は、人間の自由があるところにしかありえなくなるはずです。

とすれば、人間の自由と悪はどんな関係にあるのでしょうか。

そもそも、人間はどんな場合にも自由なのでしょうか。

自由である人間の「人格」は、それを取り巻く環境や人間関係などに一切かかわりなく形作られるものなのでしょうか。

「ワル」の背景をもっと掘り下げて、一面的にならないように考えれば、こうした「環境」論――これまでの不幸な半生が、犯罪者を作り上げた、という説明も当然成り立つはずです。もっとも、そうした考えは、凶悪犯罪に極刑を望みがちな風潮を考えると、かなり分が悪そうです。

超「ワル」とみなされている主犯格の少年をめぐって、ざっと整理すれば、こうしたいくつかの論点が出てくるはずです。ただし、誤解のないように言えば、私は理屈を弄《もてあそ》んでいるわけではありません。悪をどう見るのか、その点にかかわってこうした論点は重要な意味をもっていると言いたいのです。

上村君を襲った悲劇を考えると、私たちは気が重くなってしまいます。なぜ、こんなに優しく、うぶな男の子が、こんな惨めな最期を迎えなければならないのか。それをもたらした悪に対する憎悪にも近い感情は、ある意味で、私たちが他人と「人間的に」どこか繋がっていることを示唆しています。

もし、他人の身に起きていることなど、どうでもいいと考えていれば、怒りや憎しみ、応報感情などは湧いてこないはずです。この意味で、犯罪は、無意識のうちに私たちの社会の連帯感をかきたてずにはおかないのです。同時に、それは、私たちの中の悪、さらにそれに対する見方を映し出す鏡のようなものともいえます。

患者十八人死亡の群馬大病院事件

次に挙げたいのは、二〇一〇年から二〇一四年にかけて、群馬大学医学部附属病院で、腹腔鏡《ふくくうきょう》の手術を受けた患者八人が手術後四カ月以内に死亡した事件です。病院側はこの八人の死亡はすべて「過失」であったと主張しましたが、あくまで括弧つきの「過失」で本当のことはわかりません。

この八件の「死亡事故」すべてに、四十代の執刀医がかかわっていたことが明らかになっています。さらに、同じ執刀医がかかわった開腹手術でも、術後に十人の死亡者を出しており、ある期間の「死亡事故」の数は十八人、二ケタに上っていることが明らかになっています。その数の多さに、私たちはぎょっとしたのではないでしょうか。

果たして単なる「死亡事故」なのか?

まさか、病院で、しかも大学病院で、患者がそんなにも「事故」で亡くなるなんて、そんなことがありえるのか?

もし、私の肉親なり、愛する人なりが、そうした「死亡事故」の中に含まれているとしたら、どうするでしょうか。病院側の説明で「事故」と判定されても、とうてい納得がいかないはずです。

もちろん、この医療関係の事件は川崎の中一生徒殺害事件とは本質的に違います。しかし、二ケタの患者を死亡させておいて、過失であったという言い訳に誰しも首をかしげざるをえないはずです。しかも、それを発表する病院側の記者会見は、型通りの儀式のような「お詫び会見」でした。まるで、よくありがちな、不祥事を起こした会社が「企業防衛」のためにする記者会見のような印象を受けました。患者の遺族の方々は、そうした記者会見をどんな気持ちで見ていたでしょうか。

いったい主観的な悪意がなければ、悪は存在しないのでしょうか。個人的な悪意がそこになくても、組織というものが生む悪もあるのでは？

病院という、閉鎖的になりがちな一つの組織の中で、果たしてどんな人が、どのような形で「死亡事故」にかかわったのか。結果として事態を見過ごしたり、隠蔽したり、あるいは糊塗《こと》したりすることはなかったのか？　そこには、主観的な意図を越えた、「不作為」の悪の連鎖が「組織悪」のようなものを形作っていなかったかどうか。ここにも、悪をどう捉《とら》えたらいいかの難しさがあります。

名古屋大女子学生の殺人・傷害・放火事件

三番目に取り上げたいのは、名古屋大学の女子学生による七十七歳女性の殺人事件です。

この女子学生の逮捕後の供述、「人を殺してみたかった」という発言は、私たちに大きな衝撃をもたらしました。

ところが、事件はそこで終わりません。中学時代の同級生の少女と高校時代の同級生の少年に、それぞれ劇薬の硫酸タリウムを飲ませたという余罪が発覚したからです。

彼女は、高校時代から毒物や死への強い関心を示すいくつものサインを残していたようですが、この危険な兆候は見逃され、殺人事件が起きるまで彼女の行為はほとんど注目されていませんでした。硫酸タリウムを飲まされた少年は、日常生活に支障が出るほどの障害が残ったそうです。容疑を認めた彼女は、「毒物を飲ませたらどうなるか観察したかった」と淡々とその動機を告白したといいます。

さらに事件は続きます。

彼女は名古屋での殺人の直後、仙台市の実家に帰省しましたが、市内の住宅に放火し、中にいた住人を殺そうとした容疑で、今年の六月に再逮捕されたのです。

報道によれば、女子学生の知人宅を狙《ねら》ったはずが、間違えて苗字が同じ別の家に放火したということらしいのです。このときの彼女の供述した動機も異様なものでした。「葬式に出れば、焼死体を見る機会があると思った」と話したというのです。

暴かれれば暴かれるほど、次々と想像を絶するような余罪が出てくる。しかも彼女は、人を殺すこと、傷つけることの快感のみならず、殺すことの達成感を率直に語っています。人がどんなふうに死に至るのか、同級生に硫酸タリウムを飲ませた事件ではそのプロセスにも異様な関心を寄せています。

こうした理解不能な事件に関しては、いまの段階では軽々しくは論じられないかもしれません。ただ、この女子学生の中にある悪は、果たして自由意志に基づくものなのか、それとも何かが彼女にとり憑いているのか、あるいは悪魔的な異端信仰にでもはまってしまったのか、あれこれと詮索しても、ストンと納得できた気分にはならないはずです。

いずれにせよ、この名大の女子学生の事件はあまりにも残酷で猟奇的で、その動機も理解しがたいために、何か悪が外から彼女の中に潜り込んで、彼女をそそのかし、悪魔的な行為に至らせた、そんなふうに考えたくなるかもしれません。ここにも悪の不可解さがあるように見えます。

「イスラム国」の残虐非道

身近な事件からはかなり飛びますが、「イスラム国」（ＩＳ）の悪をどう考えるかも、私たちが悪をどう捉えるかの手がかりになりそうです。人質を火あぶりにしたり、映像を通じて世界中の人びとの前で首を切り取るという、映画の残酷シーンかと見間違うようなことが起きました。人道的な活動を続けていたジャーナリストの後藤健二さんら、二人の日本人もこの集団の犠牲になりました。

このような残虐シーンを見せつけられると、彼らが正当なイスラムという宗教の名のもとに「聖戦」を戦っているとは思えなくなります。誰もが彼らを、イスラムという宗教の皮をかぶった悪の集団だと思うでしょう。

にもかかわらず、彼らを支援する資金も潤沢で、ネットの情報網や動画による宣伝効果を駆使して、世界中から若者を戦士として集めています。

では彼らの何が悪なのか。たとえば、彼らが「ここにしか自分を救う道はない」と狂信的に思い込んでいるとしたら、それはある種の「原理主義」のなせる業であり、そこに悪の源泉があるのかもしれません。それは、いまや世界中に飛び火してテロや暴力行為につながっているのです。

ただし、彼らを熱狂させる原理主義とは何なのか、と問《と》い質《ただ》してみると、その内実はわかったようで、よくわかりません。しかも、どうしていま、原理主義なのか？　それを説明できる理由を見つけることはかなり困難です。

というわけで、ここにも悪の捉えがたさがあるようです。

「悪」は私たちの外側にあるのか

思いつくままに、いくつかの悪をとりあげてきましたが、日常の感覚を震撼させるような社会面の事件から国際面の出来事に至るまで、私たちの世界には、悪という言葉でしか言い表せないことが起きているようです。その正体を見極めようとしても、よくわからないというのが実感でしょう。私たちの世界には、かなりありふれた形に見えて、決して一筋縄ではいかない「百面相のような悪」が存在しているのです。

本書では、この百面相のような悪の面妖な姿を明らかにしていきたいと思います。

そこで、まずみなさんは誰かが「悪いことをする」「悪に手を染める」というときに、どのようなことを思い浮かべるか、考えてみましょう。

お金を手に入れるために詐欺や強盗を働く、あるいは好意を寄せていた女性に邪険にされた逆恨みでその女性を傷つけたり殺したりする。怨恨や痴話げんかによる殺傷沙汰も、古今東西どこにでも転がっています。

一定の利害の獲得と喪失、あるいは感情のプラスとマイナス。こういうもので人が犯罪を犯したり、人をだましたり陥れたりする。こうした悪の様相は、私たちから見れば、非常に陳腐で通俗的だと言えます。そして私たちは、犯罪を犯してまで金や感情に執着するのは、どこか人間的に未熟なのだと考えがちです。

とはいえ、そうした悪事に関しては、「魔が差せば自分もやってしまうかもしれない」、「そういう事情があったなら気持ちはわかる」といった一定の理解や同情を示すことも多々あるはずです。悪事を働いた背景が見えると、人は理解しようとしたり、受け入れようとしたりする想像力を働かせることができるからです。

ところが、そうした通俗的な悪とはまったく様相を異にする悪も、この世には存在します。いくつか挙げた事件でもわかるように、具体的な目的がわからない、具体的な計画もない、そしてこの社会でよかれと思われている合理性や効率性、達成感や価値観といったものを、一切視野に入れない悪というものがあるということです。

名大女子学生の事件などは、とくに私たちの社会の共通感覚《コモンセンス》ではとうてい理解できない「異常さ」を孕《はら》んでいます。共通感覚では理解できない、判断ができない犯罪の場合、私たちはそれを精神鑑定という分野に預けようとするはずです。

要するに「コワイ」「わからない」。

だから「狂気」と見なしたいわけです。

「人を殺してみたい」「焼死体を見てみたかった」という動機の殺人行為、あるいは火あぶりや首切り刑を映像で世界に流すことを、「狂気」のなせる業として切り離してしまえば、私たちと悪の世界は完全に断絶されるからです。そうすれば、たしかに不可解な悪を私たちの共通感覚の外に葬り去ることはできます。

しかし、そうすればするほど、私たちの中にわからないという思いがますます強くなるはずです。しかも、わからない悪がここかしこに顔を覗《のぞ》かせているとすれば、「いったい、この世の中、どうなっているんだ」と嘆きたくなるかもしれません。

あるいは、カネと力があれば、一切の悪、一切の犯罪のない、恵まれた、しかも「善良」で、「幸せな」ファミリーたちが集まるゲイティッド・コミュニティ（遮断機や門扉に付随する検問所で守られた地域や町）に棲《す》みたいと思うかもしれません。

しかし、それでは悪を、恵まれた私たちの住む世界の外側に追いやるだけということになり、結果として、悪をはびこらせることになりかねません。

大切なことは、通俗的で陳腐な形であれ、動機不明の極端な形であれ、人間が自由である限り、私たちの中に悪が存在しているのではないかと考えてみるべきなのです。

身もふたもない言い方をすれば、わからないのは人間そのものなのかもしれません。この人間そのものが謎であるということ、そしてもしかしたら、そこにこそ、人間の尊厳が宿っているのかもしれないのです。

「あいつ（ら）は悪、こちらは善」

この簡単な境界線によって分断することで、悪の問題を都合よく切り抜け、自分たちの平穏な世界を守ることは可能かもしれません。

しかし、そのような境界線からはみ出すように私たちの前に姿を現す悪に対して、もはやそんな「常識」では切り抜けられなくなっているのではないでしょうか。悪を自分たちの外側の世界に追いやる「常識」には、人間というものはこうなんだ、という思い込みがあるように思います。人間なんてわかりきっている、そこには不透明なものなんて少しもない――そんな独断的な「偏見」がないでしょうか。

しかし、人間が何であるのかは明確なわけではありません。

むしろ、人間はひとつの謎であり、その秘密に対して畏敬《いけい》の念を持ちつづけることにこそ、人間の尊厳が宿っているとみるべきではないでしょうか。

とすれば、悪をどう捉えているかによって、実際にはその人の人間性――人間をどう捉えているのか――が吐露されていると考えるべきです。

二、悪の喜び

「シャーデンフロイデ」＝「ざまあみろ！」

名大女子学生の一連の事件を突き詰めていくと、彼女は、「破壊願望」にとり憑かれているように思えてきます。精神分析の世界で言えば、「死の欲動」というやつです。

私たちは、「人を殺すために殺す」、「人が苦しみもがきながら死んでいく、その様子を見てみたい」、そんなふうに考えることはないはずです。そんなグロテスクで身の毛もよだつことなんて、想像もできない。それがフツーの人の本音です。

でも、振り返ってみると、私は子供のころ、自然に恵まれた環境の中で、小さな虫からカエルや魚、ヘビや小動物にまでちょっかいを出し、いじめたり、残酷な仕打ちをしたりしたものです。時には、自分でも恐いと思ったり、悔やんだりしたことがありました。

また、人によっては、一度は死にたいと思ったことがあるかもしれません。私にもそんな思いが過《よぎ》らなかったわけではありません。またいっそのこと、こんな世界なんて消えてなくなればいいのにと、一瞬でも破壊の魅力に引かれることはなかったでしょうか。

もちろん、思ったり、想像したりすることと、実際にそれを実行することとは雲泥の差があります。しかしそれでも、どうやら私たちの中に「死の衝動」とでも言いたくなるような破壊衝動が見え隠れするときがあることは否定できません。

日常の世界では、それは「シャーデンフロイデ」という言葉で表現できるかもしれません。

「他人の不幸は蜜《みつ》の味」という意味ですが、「シャーデン」は「傷つける」、「フロイデ」はベートーベンの「歓《よろこ》びの歌」にあるように「歓び」です。つまり、人を傷つけたり、やっつける喜び。口語訳すれば「ざまあみろ！」です。

その生涯のうちで「ざまあみろ！」という言葉を心の中で発しなかった人がいるでしょうか。

自分をいじめた輩《やから》が窮地に陥っている。さんざん自慢話を聞かされた人間が転落する。自分を手痛くフッた男が惨めに他の女にフラれた。あるいはその逆で、自分を捨てて玉の輿《こし》に乗った女が夫の事業の失敗で一文無しになったなどなど。地球上のいたるところから、老若男女の「ざまあみろ！」という心の中の快哉《かいさい》が聴こえてきそうです。

その意味では、私たちの中にはたしかに、他人の不幸、他人の陥った苦難を喜ぶ素質があるのです。最近の日本のミステリーや流行作家の作品には、この見えない悪意を扱ったものも多く見られます。「シャーデンフロイデ」は、それを一種のジョーク、皮肉った形で表現したもので、人間の奥底にあるネガティブな破壊願望を、的確に表している言葉だと思います。

また、そこはかとなく出てくる悪しき喜びとして、私たちの中には、どこかで社会の掟《おきて》を破りたいという願望があります。

卑近なことでいえば、高校生の制服のスカートの長さが校則通りに守られないことは多々あります。社会の常識に従わず、掟を破ることを、ふつう私たちは悪いことだと見なしています。けれど私たちは畏怖や恐れを抱きつつも、その掟があるがゆえに、どこかでその掟を侵犯したいという欲望も持っているのです。

そして、人知れずその掟を破ったときに、心のどこかで「やった！」と思う。何かを侵犯したという達成感に、快感のようなものを感じてしまうのです。それも私たちが感じる悪の喜びの一つです。

空虚さに根差す悪

「ざまあみろ！」という言葉が象徴するように、悪はその根を私たちの日常世界の中に持っています。そう、私たちの中に悪はあるのです。

名大の女子学生の猟奇的な事件にしても、上村君の事件にしても、そこにはびこる悪と私たちとは絶縁していると思いたい。そして実際そう思っている人は多いはずです。しかしそう簡単に切り離すことができるでしょうか。

ここで戦争の比喩を出すのはやや唐突かもしれませんが、人間は、戦争で数千万人もの規模で殺し合いができる生き物なのです。詐欺や強盗、痴話喧嘩《げんか》といった人間の情動から起きた殺傷沙汰とはまるで違う、動機なき殺人、殺人のためだけの殺人、そんなことがどうして起きるのでしょうか。そこで何が起きているのかを考えることは、悪を知るために非常に重要なことだと思うのです。

「死の衝動」に突き動かされたような、殺人のための殺人を見るとき、私はそこに底知れない、人間の存在そのものの空虚さを感じざるをえません。人間の存在そのものが不安で仕方がないという感覚です。自分が自分であるという「自己同一性」（アイデンティティ）が感じられない、虚しさだけが宿っているという状態。そうした状態は、このうえなく不安をかきたてます。

昨日は落ち込んでいたけれど、今日は少し気分が上向いたというような、トラブルや心配事がある世界ではなく、自分の存在それ自体が空虚で不安であること。了解不能の悪とは、そういう身体から立ち現れてくるのではないでしょうか。

空虚である。

空っぽである。

自分が何者でもないのではないかという不安は耐え難いものです。その空っぽの中を埋めるようにしてするするっと悪が忍び寄ってくる。

こうした空虚さに根差している悪は、具体的な目標も戦略も知りません。ある目的を達成するためには手段が必要であることも、私たちが生きる上での社交といったものも一切関係ありません。それは、私たちが生きている社会の因果関係を度外視するような悪です。

虚無を埋めた瞬間の「達成感」

中村文則さんの小説『悪意の手記』は、「人はなぜ人を殺してはいけないのか」というテーマを扱った重たい作品ですが、空虚さに忍び寄る悪の形を非常に鮮明に描いています。

主人公の男が重い病に冒されるのですが、彼は奇跡的に助かります。そのあとに彼は底知れない虚無に陥って、生きる意味を見出せなくなっていくのです。すべての生を疎ましい存在として憎悪するようになった彼は、その悪意に飲み込まれるようにして、ついに親友を殺してしまいます。

親友を殺した後に、主人公の彼の中には、自分では答えることのできない二つの問いが残ります。最後の部分を抜粋してみましょう。

一つは、病気が治癒したあとに私が感じた、あの虚無は何であったのか、ということだった。世界があまりにも殺伐と、その装飾の全てが剝ぎ取られたように見えた、私を襲った、あの暴力のような虚無の正体のことだ。そしてもう一つは、より悩まされるものだった。

Kを殺した後に、なぜあの虚無は終わったのか。

この二つの問いは、しばらく私が答えることのできないものとして残った。

(『悪意の手記』)

話題になった「元少年A」の『絶歌―神戸連続児童殺傷事件』に漂うのは、この『悪意の手記』の主人公と同じ底なしの虚無感です。殺人を犯した名大女子学生も、同じような「可視の闇」を抱えていたのではないでしょうか。

自分自身ののっぺりとした、ぬるぬるとしたアイデンティティ。……いや、アイデンテイティそのものがつかめないような、空っぽの感触を持っていたのではないでしょうか。

私たちが知る限りの情報によれば、たとえば、名大女子学生の場合、彼女のものと思われるツイッターで、自分が崇拝する「酒鬼薔薇聖斗」をはじめ、かつての殺人犯を何人か列挙していたそうです。自分もそこに連なりたいと切望していたのかもしれません。

彼女が殺人をやり遂げたとき、その達成感をツイッター上で次のように表現しています。

「ついにやった。」

ネット上では、彼女のそうした表現を「殺人の達成感」として、非常に猟奇的なものとして扱っていますが、単なる殺人を犯した達成感ではないように思えるのです。

彼女の中には、ある「革命」を起こしたという陶酔が感じられます。その革命とは、人を殺すことによって、人間が縛られてきた伝統的な道徳や掟を丸ごとひっくり返したいという破壊願望です。「やった」という快哉は、その大いなる達成感なのだと思います。しかし、その達成感と同時に彼女は未来も失いました。

いまある社会の何物をも彼女は信じているようには見えません。私が想像するに、人を殺《あや》めた後、一瞬埋まったように見えた彼女の中の空虚感は、さらに深く、底なしになっていったのではないでしょうか。

彼女の中にあるのは徹底した欠落感です。

他者を殺めることによってしかその空虚感をふさぐことができないのです。何という理不尽で身勝手な理屈でしょうか。だからこそ、彼女は、第一の殺人の後、すぐに次の殺人のための放火事件を起こし、焼死体を見ることでその空っぽの穴を埋めようとしたのではないでしょうか。

欠落している身体性

彼女のような空虚さを抱えている存在に、決定的に欠落しているのは身体性です。具体的な身体性の感覚がほとんどないといっていいと思います。ですから、他者は単なるマテリアル、つまり物質にすぎません。

名大女子学生は、殺人を犯した後、その遺体と一晩を過ごしています。しかし、遺体といても一向に違和感も罪悪感も感じなかったのではないでしょうか。なぜなら、遺体は彼女にとって単なる物質にすぎなかったからです。物質に対しては、破損しても改悛《かいしゅん》の情などは出てきません。

こうした身体性の欠如は、アイデンティティの核心部分がない、自分は存在してないという不安感から来ているものでしょう。その空洞感が、彼女に死の予兆を感じさせたのではないかと思います。死の予兆とは、自分を含めて誰かを破壊したいという死の衝動です。その結果、このような事件が起きてしまったのではないでしょうか。そう考えると、この事件には非常に根が深いものがあります。

彼女は私たちの世界を何一つ信じていない。

そして、生きる術を持っていません。

人間が善をなすのは具体的な習慣、実践的な行為を通じてです。そしてこの具体的な習慣とは生きる術《すべ》のことです。それは、生きる術を身につけている人間だけが善をなせるという意味です。さらに言えば、その生きる術とは、人間の奥深くにある死の衝動を少しずつ飼《か》い馴《な》らし、コントロールしていく作業でもあるのです。

彼女のような存在はその対極にあります。生きる術を知らない彼女は、死の衝動を飼い馴らす術を持たない空虚な存在です。空虚さを埋めるための唯一の方法が破壊衝動を噴出させることだったのでしょう。

彼女は、自分には不要だと思っている私たちの社会をどこかで破壊したいと願っていたと思います。社会の掟を破れば、通常、罪悪感や罪責が生じるものですが、だからこそ、彼女はその掟を破りたいと思い、破った快感、達成感を欲していたのでしょう。

私たちの世界には、職場であれ公共の場であれ、さまざまな感情が行き来し、こまごまと社会的なルールが決められています。

空虚な存在の悪は、この世界の物質的な複雑さに耐えられません。その耐えられない部分が、死の衝動として噴出するのではないでしょうか。

死の衝動は空虚な存在に潜む魔物です。悪の氾濫《はんらん》する世界に生きながら、この魔物を飼い馴らしていくのは容易なことではありません。なぜなら、空虚さはたやすく私たちにとり憑いてくるからです。つまり、私たちの世界は、悪の世界とは決して断絶などしていないのです。

ということは、名大女子学生の事件は、私たちとは無縁の別世界で起こったことではなく、私たちもその根を共有していると見るべきではないでしょうか。

もちろん、殺害された被害者とその家族や知人の無念は、想像するに余りあります。もし私が、被害者の家族であれば、どう考えるか、想像してみるだけでも背筋が寒くなります。それでも、なぜこうした理由《わけ》のわからない殺人事件がなくならないのか、それを考えるためにも、女子学生の中の悪を私たちの問題として引き受けてみる必要があるのではないでしょうか。

三、悪の枢軸

ホロコーストを生んだナチス・ドイツの空洞感

名大女子学生の事件は、底知れない虚無を抱えた一人の女性が起こしたものです。それでは、これが大規模に歴史的に現れたものが、じつはあのナチスだったのではないかと言えば、あまりにも飛躍しているでしょうか。でも、そうとは言えないのです。

女子学生と同じように、ナチス・ドイツは、常識からするとまったく無意味な殺戮《さつりく》に血道をあげ、ある特定の人びと（この場合ユダヤ人です）に、ぞっとするような苦しみを与え続けました。

それは、自分たちが軽蔑《けいべつ》するものに向けた、激しい憎しみを伴う、世界と他者への暴力的な破壊行動でした。しかも、ナチスは、そうした破壊行動の中に、ほのかな快楽さえ感じていたはずです。それは、殺人の後に「ついにやった。」とツイートした女子学生の達成感に通じるものがあるのではないでしょうか。

どうして、ナチス・ドイツは特定の人種、民族としてのユダヤ人を抹殺しようとしたのか、これはいまもってまったく理解不能です。その意味では、名大の女子学生とどこか通じる病理を感じます。

ナチス・ドイツを一つの集合体として見た場合、国家の機構と人員をある特定の人種・民族を完全に殲滅《せんめつ》するために総動員したわけで、絶滅の狂躁《きょうそう》ともいえます。その狂躁状態がホロコーストを生んだのです。

ある民族を殲滅するというその一点に向けて、さまざまな合理的な手段、方法が動員されたということは、中国における文化大革命時代の殺戮や拷問、あるいはスターリン時代に行われた粛清とは根本的に違います。ナチス・ドイツが最もグロテスクなのは、非常に巧妙で正確で功利的な手段のすべてが、合理的な目的を欠いていることです。合理性の点では無目的で何の生産性もない、破壊（殺戮）のための行為に費やされたのです。

合理性を追求するなら、たとえ非人間的な扱いをしても、ユダヤ人を生かしておけば労働力として十分搾取できると計算するはずです。しかし、そうはせず、ひたすら彼らは殺す行為に没頭しました。殺せば労働力を失い、さらに殺戮のための施設や人員にコストがかかり、膨大な手間もかかるというのに、ナチス・ドイツは何かにとり憑かれたように殺し続けたわけです。ホロコースト自体が、この世の効率性や効用性から考えれば、まったく非合理な行為だったといえます。

ただ人を殺すためだけに、膨大なコストをかけ、膨大な人員とエネルギーを動員し、そして国家のすべてのメカニズムをその一点に向けて機能させた例は、おそらくナチス・ドイツがはじめてだったと思います。

ホロコーストの対象になったのは、明らかに特定の人種、民族、あるいは障碍者《しょうがいしゃ》、ナチス・ドイツから見て性的に倒錯だと思われた人びとです。ナチス・ドイツの抱える悪には、「不純なもの」に対する重大な脅威が感じられます。不純なものへの恐怖です。

それはどこから出ているのかを考えるとき、私たちはナチス・ドイツの中にある、悪の二面性に突き当たるはずです。この二面性とは、自分を誇大妄想的に大きく見せたいという願望と、自分が病気的なほどにちっぽけな存在にしか見えない恐怖のことです。

この大きく分裂した二面性の中にあの女子学生が抱えていた、自分は存在していない、あるいは存在が感じられないという恐怖が宿っています。その空洞感が耐え難い苦しみとなって彼女を襲っていたのかもしれません。その反動は、誇大妄想的な自己肯定感であり、ナチス・ドイツがそうであったように、自分をあたかも天使のように汚れなきものとして描きたいという妄想だったのではないでしょうか。つまり自らをピュアなものに浄化したいという願望です。ナチスの場合、これがアーリア人種に対する優生学的な優越感に行き着くわけです。

ナチス・ドイツが目指す汚れなき世界、それを汚すものは何か。

そのために呼び出されたのが、この世で最も恥ずべき、汚れ、堕落した人間性というラベルを貼られたユダヤ人だったのです。

実際ナチス・ドイツは、ユダヤ人を、嫌らしくも不快で異常な生き物、あるいは不快なクズという言い方をして、徹底的に貶《おとし》めました。そして、「最も不快な人種」のユダヤ人を抹殺することによって、自身の中の空虚感を埋めようとしたのです。ナチズムが悪の枢軸である所以《ゆえん》はそこにあります。

ナチズムに流れるこの悪の様式は、先ほどの名大女子学生個人が担ったものにかなり近いのかもしれません。

もちろん彼女の場合には二十世紀の神話もなければ、ある特定の人種を殺そうとしたのでもありません。しかし無目的に自分の空洞感を埋める殺戮行為、そして「ついにやった」と快哉する誇大妄想的な全能感は、ナチズムが陥った悪と非常に似ているように思えてなりません。

ただし、事件になった個人的殺人と大きく異なっているのは、純粋さを侵す不純なものとして、ナチス・ドイツの悪の標的になったのは、ヨーロッパの歴史の中ではユダヤ人だった、ということです。そこには、ヨーロッパの歴史の中に深く根差した悪をめぐる病理があったとしか思えません。その悪の病理がナチズムを介して現れたと言えます。とすれば、ヨーロッパが抱える虚無を埋めるための生贄《いけにえ》がユダヤ人であったということになります。

個人であれ、国であれ、存在そのものが不安な虚無にとり憑かれたときに、想像を絶するような破壊行動がそこに出現するのです。

「コピペ」のような「イスラム国」の原理主義

いま、「悪の枢軸」といって、みなさんがすぐ思い浮かべるのは「イスラム国」の暴力とテロではないでしょうか。

「イスラム国」をイスラム原理主義によって説明する向きもあるかもしれませんが、果たしてそう言えるかどうか――。彼らの活動の根幹に確固とした何かがあるのではなく、まるでコピペでぺたりと貼り付けたシールのような浅薄さだけを感じます。彼らの原理主義は私たちが古典的に考えているような原理主義ではないのです。ムハンマドの教えやイスラムの掟をネット上にペタッとコピペして、それを暴力を正当化する指標にしているだけのように思えてなりません。

そのコピペしたシールは自分たちに都合がいいようにいくらでも貼り替えていけます。彼らがネットを使って世界中の若者に参加を呼び掛けているのは、そうした薄っぺらい、代替可能なコピペの言葉と映像です。

現代には、このような薄っぺらで実のない原理主義がいたるところに出没しています。民族原理主義、宗教原理主義、市場原理主義、それ以外にもさまざまな原理主義が私たちの周囲に台頭しています。

特定の化粧品や健康食品などに憑かれたようにのめり込む、あるいは、片時もスマホを手離せない、情報をチェックせずにはいられないというような強迫的状況も、原理主義的な偏愛と言えば大袈裟《おおげさ》でしょうか。

原理主義というと、私たちは、何かに夢中にのめり込んでいる姿を思い浮かべますが、その背景にあるのは、じつは何も信じられないという空虚感です。

何も信じられないからこそ、これだけを信じていないと生きていけないと思い込む。そうなったときに原理主義が立ち現れるのだと思います。そういうものがネットを通じて、仮想空間の中で広がっていくわけです。それがリアルなものより、もっとリアルに動いているのが、私たちの世界です。

「イスラム国」のネットを使った宣伝動画で、全世界から若者たちが集まったのも、仮想空間のリアルさに惹《ひ》かれてのことだと思います。

人間の中に罪の意識を生じさせる、実体のある悪と違って、このコピペのような実体のない悪は、罪を感じるという意識を生じさせません。火あぶりも首切りも、彼らにはゲームの一コマにすぎないのではないでしょうか。

いま世界にはびこっている宗教原理主義は、ナチスのように特定の人種や民族を完全に殲滅しようとたくらんでいるわけではありません。けれど、どこかに不純なものに対する過度の恐怖感があるように思えるのです。ですからイスラム原理主義もキリスト教原理主義もユダヤ原理主義も、宗教上の不純なものをいかに排除するかに躍起になっているわけです。

そんな世界の動きの中で、国家原理主義とも言うべき動きも顕著になっています。いったい国とは何なのか、あるいは愛国とは何なのか、といったことを反省的に捉えることもなく、ただ自国のみを誇大に称揚したり、礼賛したりする「反知性的」な動きを見ていると、その中身が空疎なものに思えてなりません。

悪は「何でもオーケー」の世界が大好き

なぜこの世の中に、ここまで浅薄な原理主義があふれているのでしょうか。それは、理想や、私たちが考える規範的な原理、あるいは正義や人権といった、私たちの社会を支えている土台のようなものが、大きく揺らいでいるからです。

何がよくて何がダメなのか、またダメなものはダメという、これまでの社会を支えていた客観的な価値基準というものが揺らぎ、何でもオーケーになっているように見えます。

とくにネットの仮想空間の中では、ヘイトスピーチも個人攻撃もリベンジポルノものさばっています。

何でもオーケーの世界がどうなるのかと言えば、こういう解釈もある、ああいう解釈もあると、どんどん「意味」が自己増殖していくのです。

逆説的にも、この意味の増殖が、意味の空洞化を招いています。

何でもオーケーの世界であれば、正も邪も、真も偽も、美も醜も、聖も俗も、同じになってしまいかねず、意味というものがほとんど意味をなさなくなってしまいます。その結果、万事に手ごたえが何もなくなるわけです。その空洞感の中にこそ、原理主義がのさばることになるのです。

手ごたえを感じる、信じられる何かが欲しい。よりどころになる意味を求めたいという欲求が、人を原理主義に走らせるのだと思います。

最近では反知性主義が問題になっていますが、これも原理主義と無縁ではありません。何でも信じていいという世界の裏返しは、何も信じられない世界に直結しています。このことによって反知性主義は増殖していくのです。非常にばかばかしい荒唐無稽《こうとうむけい》なことや、虚偽としか思えないものが何の疑問も持たずに信じられてしまう。こうした妄信は原理主義の構造と非常によく似たものです。

さまざまな価値が相対化される私たちの社会の中で、これまで考えられなかったような原理主義や反知性主義が、なぜここまで台頭してきているのでしょうか。

それはやはり、私たちが空虚さに耐えられないからです。

自分たちがどこに拠って立っているのかわからない。善悪を含めてしっかりとした基準や価値が欲しくても、それが非常に曖昧《あいまい》になっているので、何を信じていいのかわからない。それはとても苦しいことです。その空虚感の中で、生きる術を見失っている人たちもまた増えているのだと思います。

悪というものは、こうした善悪の基準が曖昧になった、「何でもオーケー」の世界が大好きなのです。悪は空虚な存在にするりと忍び込んで、その身体を乗っ取ってしまうのです。そして個々人の持つ身体性、生きている実感をさらに奪っていき、そうして広がっていく虚無の中で、世界をぶち壊したい、人を傷つけたいという破壊衝動を育てていくのです。

四、システムの中の悪

匿名で現れる組織悪

ここまで、何も信じられない、あるいは何を信じてもいいという空虚な存在が、いかに悪を引き寄せるかということについて話してきました。悪というものはたしかに人間の存在の条件としてあるのですが、その一方で個人の悪とは別のレベルの機構や組織、システムとしての、匿名の悪もあります。

先述したように、群馬大病院の「過失」事件も、組織の生んだ悪といえるのではないでしょうか。手術をした担当医が八人死亡させたというだけならば、個人の責任を問うべきなのでしょうが、ここではさらに原因が不確かな「医療ミス」が重なったのか（この点は今後明らかにされるでしょうが）、二ケタの患者が死亡しています。患者の生命を管理する病院という組織の中で、結果としてチェック体制が働かず、お互いに無関心な空気が常態化していたとすれば、恐ろしいことです。

労働基準法など無視して、劣悪な条件下で正社員や派遣社員を酷使するブラック企業も、営利主義の組織が生んだ悪の一つでしょう。

会社の儲《もう》け以外はいっさい考えず、あるのはノルマだけという劣悪な環境下で、多くの人たちが心身を消耗させています。名前のよく知られた大手企業の中にも、こうしたブラック体質があることが問題になっています。

では、この企業の幹部が悪人なのかというと、一人一人ばらしてみると、罪悪感は非常に薄く、良き家庭人の顔が見えたりもします。誰かが悪人でその組織を率いているという図式はそこにはありません。ひたすら会社の儲けだけを求める組織の構造そのものに悪があるのです。

最大の悪は資本主義にあり？

匿名のシステムの悪として考えてみたいのは、現代の資本主義です。こう言えば、すぐに反論が返ってくるはずです。資本主義は悪でも、善でもない、それは純粋に一つの経済システムであり、道徳や倫理、あるいは宗教的な価値判断とは別次元の合理的なシステムである、と。

でも私にはそうは思えません。

なぜなら、このシステムの内外にわたる拡大は、耐え難いほどの格差や新たな貧困を生み出し、そして生きる意味を奪いつつあるからです。

といっても、この資本主義的なシステムに代わる選択肢《オルタナティヴ》を思い描くことはますます困難になっています。私たちが現実の世界と言うとき、そこにはこのシステムによって形作られたただ一つの現実しかありえないように見えるからです。

マルクスと並んで、資本主義について決定的に重要な洞察を残したマックス・ウェーバーは、そうした資本主義を、いまからほぼ百年前に、「鉄の檻《おり》」に喩《たと》え、その行く末を次のように予見しましたが、それは私たちの現在のグローバル資本主義にこそ、よくあてはまる事態ではないでしょうか。

将来この鉄の檻の中に住むものは誰なのか、そして、この巨大な発展が終わるとき、まったく新しい預言者たちが現われるのか、あるいはかつての思想や理想の力強い復活が起こるのか、それとも——そのどちらでもなくて——一種の異常な尊大さで粉飾された機械的化石と化することになるのか、まだ誰にも分からない。それはそれとして、こうした文化発展の最後に現われる「末人たち」にとっては、次の言葉が真理となるのではなかろうか。「精神のない専門人、心情のない享楽人。この無《ニヒツ》のものは、人間性のかつて達したことのない段階にまですでに登りつめた、と自惚《うぬぼ》れるだろう」と。

（『プロテスタンティズムの倫理と資本主義の精神』）

資本主義はある意味で、究極のシステムであり、それが金融を中心として、実体経済から乖離《かいり》した「虚の経済」となり、幾度となく破綻《はたん》を繰り返しても、それがいつ終焉《しゅうえん》を迎えることになるのか、誰も予見しえていません。その動きを止めることは、もはや誰にもできなくなっているように見えます。まして、この究極のシステムを根底から覆す方法など、誰も発見できそうにないのです。

差し当たり、涙を飲んで、上滑りにではあれ、このシステムと付き合いながら、前へ進んで行くしかない。

こう言えば、夢も希望もないように聞こえますが、残念ながら、それが私たちの多くの実感ではないでしょうか。それでも、中途半端な甘ったるい幻想に酔ったり、世の中は厳しいんだと教訓を垂れる訳知り顔の「くそリアリズム」にも臆することなく、私たちは悪の正体をつきとめておく必要があります。

第二章　悪とは何か

一、悪の百面相

悪とはいったい何なのか

第一章では、わかりやすい悪から空疎な闇を抱える悪、暴力的な原理主義がのさばる悪の枢軸、そして資本主義を中心とするシステムや機構の悪まで、現代の悪のいろいろな顔を見てきました。

しかしまだ私たちは悪の正体のほんの一部しか見ていないような気がします。いったい悪というものには形や実体があるのかないのか、人間以外の生物にも悪は存在するのかなど、悪の正体は依然として漠としたままです。

そもそも悪とはいったい何なのか――。

本章では、この問いについて考えてみましょう。

そのために、聖書も含めて、物語や小説といった、文学作品などを題材に悪のさまざまな横顔を眺めてみたいと思います。なぜなら、そこには、じつは悪の典型とタイプが鮮やかに描かれているからです。聖書や小説に馴染《なじ》みがなくてもかまいません。ドラマを見るつもりで読んでみて下さい。

悪の存在は、『旧約聖書』『新約聖書』の中でも語られています。

聖書の中で語られている悪の姿は、さまざまな物語や、文学作品の中にも多く引用され、主人公が対峙《たいじ》する苦難の象徴として、あるいは破滅にひた走る主人公そのものに巣くう闇として描かれてきました。

悪というものが人間の自由とかかわり、人間の人間たる条件と密接にかかわっているとすれば、悪をめぐるテーマは、文学には欠かせません。

二千年以上変わらない悪のイメージ

『新約聖書』の中のパウロの『ローマ人への手紙』には、私たちが普通、悪とイメージするもののすべてが列挙されています。パウロの列挙する悪の姿を見てみましょう。

彼らは、あらゆる不義と悪と貪欲と悪意とにあふれ、ねたみと殺意と争いと詐欺と悪念とに満ち、また、ざん言する者、そしる者、神を憎む者、不遜《ふそん》な者、高慢な者、大言壮語する者、悪事をたくらむ者、親に逆らう者となり、無知、不誠実、無情、無慈悲な者となっている。
（第一章二九―三一節）

まるで悪のオンパレードです。イエスは弟子たちに対して、「悪意」「殺意」「姦淫《かんいん》」「不品行」「盗み」「偽証」「冒瀆」が人の心から出てきて、その人間を汚すと語りましたが、パウロはイエスよりもさらに細分化して、悪の行いや表情を百面相のように列挙しているのです。

それでは、悪は百面相のように目まぐるしく変化する相貌《そうぼう》をもって現れるけれど、その首根っこを摑《つか》もうとすると揮発してしまう、形の定まらない液体のようなものなのでしょうか。

フレッド・ゲティングズの著した『悪魔の事典』は、ヨーロッパの一つの文化体系である悪魔学の集大成として知られています。それによると、悪を象徴する悪魔に関するイメージ・パターンは、じつは二千年以上、一貫して変わらないことがわかります。

たしかにオカルト的な映画『エクソシスト』や『ローズマリーの赤ちゃん』をはじめ、多数の映画や大衆向けのペーパーバック、小説、さらに悪魔に関するカラー図版や、挿絵、資料、エピソードなどからは、特定の変わらない悪のイメージや表象が浮かび上がってきます。

しかし、馴染みの感覚はありつつも、やはり悪は捉えどころがなく、これが悪の正体だと断言できるものはないようです。状況によって、見る者によって、立ち現れてくる悪の姿はじつに多種多様で、どの姿が悪の正体なのか、不明のままです。

『悪魔の事典』によれば、著者は具体的にデーモンを指す悪魔の名前をおよそ三千集めたそうです。

「デーモンの名前の正しい綴字法《つづりじほう》は、一つの音が一つの表現形式をもち、不変の綴りが当然のこととされる現代に生きる者にとっては、まったくの謎である。デーモンは自分たちの自由に対するこの単純な制限を避け、多種多様な綴りのうちに身を隠しているものらしい。文字通りすべてのデーモンが、英語が存在するよりも前、標準的な綴字法を導入しようとする学問的試みがおこなわれる遥か以前から、自分たちの名前をもっていたのだから、これも当然」

というわけです。

およそ三千もあるデーモンの名前の綴字の中に身を潜めている悪とは、果たしてどんなものなのでしょうか。

その悪の姿を、物語（長編叙事詩）の中ではじめて具体化したのは、ミルトンの『失楽園』です。

『失楽園』といえば、つい渡辺淳一さんの恋愛小説を思い描く人もいるかもしれませんが、ミルトンの『失楽園』は、いまから三百五十年も前に発表された逆ユートピアの物語のようなものです。

その中で、有象無象の悪魔が集う万魔殿（パンデモニウム）が登場しますが、これは、パンテノン＝万神殿をもじったミルトンの造語です。その万魔殿には、サタンを中心としてありとあらゆる悪魔が集っています。堕天使は、ここでは悪魔と考えられ、サタンが率いる軍勢は、堕天使たちなのです。

ミルトンの時代はピューリタン革命から王政復古のころですが、ミルトンを通じてさまざまな悪のイメージがその後のヨーロッパに広がっていったのだと思われます。

異教の神「ベルゼバブ」とは何者なのか

ここで、聖書の中の悪について、少し述べておきましょう。

『旧約聖書』でも『新約聖書』でも、悪の化身として出てくるのは「ベルゼバブ」です。「ベルゼバブ」はヘブライ語で「蝿《はえ》の王」を意味しますが、古代から「蝿」は五月蝿《うるさ》くつきまとう「悪しきもの」の象徴として、人びとに忌み嫌われていたようです。ウィリアム・ゴールディングの名作『蠅の王』も、そうした悪しきものをテーマにした作品ですが、これについては後で取り上げてみましょう。
『旧約聖書』では、『列王紀』(下)の冒頭に、ベルゼバブは「エクロンの神バアル・ゼブブ」として登場します。

アハジヤはサマリヤにある高殿のらんかんから落ちて病気になったので、使者をつかわし、「行ってエクロンの神バアル・ゼブブに、この病気がなおるかどうかを尋ねよ」と命じた。時に、主の使はテシベびとエリヤに言った、「立って、上って行き、サマリヤの王の使者に会って言いなさい、『あなたがたがエクロンの神バアル・ゼブブに尋ねようとして行くのは、イスラエルに神がないためか』。それゆえ主はこう仰せられる、『あなたは、登った寝台から降りることなく、必ず死ぬであろう』」。そこでエリヤは上って行った。(中略)彼(王)はエリヤが言った主の言葉のとおりに死んだが、彼に子がなかったので、その兄弟ヨラムが彼に代って王となった。

（第一章二－四節及び一七節）

要約すれば、欄干から落ちた怪我がもとで病気になったアハズヤ王が、エクロンの神バアル・ゼブブに頼めばその病は治ると聞いて、使者を出そうとしたが、預言者エリヤはもしバアル・ゼブブ神に頼んだら必ず王は死ぬと予言した。そして現実にその通りになったという話です。預言者のエリヤは、バアル・ゼブブ神が邪悪な力を持つ悪魔的な存在だということを見抜いて忠告したにもかかわらず、言うことを聞かなかった王は予言通り死んでしまった。邪悪な存在に心を許すとひどい目に遭うという説話でしょう。

『新約聖書』では、『マタイによる福音書』に、ベルゼブルの名で登場します。

パリサイ人たちは、これを聞いて言った、「この人が悪霊を追い出しているのは、まったく悪霊のかしらベルゼブルによるのだ」。イエスは彼らの思いを見抜いて言われた、「おおよそ、内部で分れ争う国は自滅し、内わで分れ争う町や家は立ち行かない。もしサタンがサタンを追い出すならば、それは内わで分れ争うことになる。それでは、その国はどうして立ち行けよう。もしわたしがベルゼブルによって悪霊を追い出すとすれば、あなたがたの仲間はだれによって追い出すのであろうか。だから、彼らがあなたがたをさばく者となるであろう。しかし、わたしが神の霊によって悪霊を追い出しているのなら、神の国はすでにあなたがたのところにきたのである」。

（第一二章二四―二八節）

『旧約』『新約』ともに、ベルゼバブは、明らかに邪悪な力を持った存在として登場しますが、『旧約』の場合にはまだベルゼバブは神様の一人、つまり異教の神として扱われています。それが『新約』になると、悪の権化のような扱いになっています。

「狂躁」のために排斥されたベルゼバブ

ベルゼバブとは、事実上のデーモンなのです。なぜ『旧約聖書』では、ベルゼバブなる異教の神バアル・ゼブブを邪悪なものと見なしたのでしょうか。

バアルというのは、農耕の神様です。古代ユダヤ教では、この農耕神バアル・ゼブブを徹底して排除しようとしました。農耕神は豊穣《ほうじょう》を約束してくれる、人びとには有難い神様であったはずなのに、なぜ古代ユダヤ教はこの神を嫌ったのでしょうか。

バアルが排斥されたのは、豊穣の神であると同時に、「オルギア」を伴っていたからです。オルギアとは、直訳すれば「狂躁」という意味です。つまり、この神様は情欲の絡んだ狂躁的な快楽を好んだということなのです。とくにバアル神の場合は、セックスとアルコールによる乱痴気騒ぎといった享楽的な祝祭がつきものだったようです。

豊穣の祝いに、人びとが欲望を解き放ち、ありとあらゆる快楽にふける。その我を忘れた恍惚《こうこつ》状態が悪のなせる業として排斥されたのでしょう。

この章の冒頭で、『新約聖書』『ローマ人への手紙』の中に列挙されている悪の数々を紹介しましたが、その項の書き始めには、情欲に任せて悪に染まったものたちは、「あらゆる不義と悪と貪欲と悪意とにあふれ……」とあります。こうした記述でもわかるように、ユダヤ教でもキリスト教でも、人間の情欲や享楽的なものが悪を呼び寄せるという強い恐れを持っていました。

したがって、古代ユダヤ教の中にこの享楽的なバアル神が浸透していくことによって、本来のヤハウェ信仰が侵されていくことを恐れ、バアル神に対する闘い、排斥が強く押し出されたのではないでしょうか。

そう考えると、アルコールでひと時のウサを忘れ、夜を徹して踊りや談笑に耽《ふけ》る都会の住人は、日々、情欲や享楽の囚人になっていることになり、悪にとり憑かれていることになってしまいます。私たちの世界で、勝利を収めたのは、聖書の神やイエスではなく、バアル・ゼブブということになるでしょう。

何とも皮肉なことです。

悪霊の真骨頂は「憑依」

ところで、私たちは、よく「悪にとり憑かれる」という言い方をしますが、この何かにとり憑かれる「憑依《ひょうい》」、自分を見失う「忘我」という特徴は、まさに狂躁的な神バアル・ゼブブの真骨頂なのです。

『新約聖書』には、イエスにまつわるところで、悪霊にとり憑かれる説話がよく登場します。『ルカによる福音書』の中では「悪霊ども」と書かれており、ベルゼバブの名は出ていないものの、悪霊の真骨頂である「とり憑き」「憑依」の様子が具体的に描写されています。

ところが、そこの山べにおびただしい豚の群れが飼ってあったので、その豚の中へはいることを許していただきたいと、悪霊どもが願い出た。イエスはそれをお許しになった。そこで悪霊どもは、その人から出て豚の中へはいり込んだ。するとその群れは、がけから湖へなだれを打って駆け下り、おぼれ死んでしまった。飼う者たちは、この出来事を見て逃げ出して、町や村里にふれまわった。人々はこの出来事を見に出てきた。そして、イエスのところにきて、悪霊を追い出してもらった人が着物を着て、正気になってイエスの足もとにすわっているのを見て、恐れた。それを見た人たちは、この悪霊につかれていた者が救われた次第を、彼らに語り聞かせた。

（第八章三二―三六節）

悪はどんなものにも憑依するのですから、油断は禁物ということになります。

時代の寓話として登場する悪魔

ベルゼバブの名前は、先に挙げたミルトンの『失楽園』にも登場します。この叙事詩に出てくるベルゼバブは、悪霊というよりハッキリとした形を伴う悪魔として登場します。万魔殿での悪魔会議に参加し、一堂に会した仲間たちに向かって、自分の考え出した戦略をとうとうと語り出すのがベルゼバブです。

こういった有様を見たベルゼバブが（サタンを除いて、彼よりも高い地位についている者は他にはいなかったのだが）、ひどく荘重な面持ちで立ち上がった。その立ち上がる様子は、いかにも一国を背負ってたつ柱石の趣きがあった。その額には、思慮深さと憂国の至情が深々ときざみ込まれていた。たとえ身は破滅という悲境に陥ったとはいえ、威厳にみちたその顔には、まさに王者にふさわしい英知の輝きがまだ鮮やかに残っていた。彼は、賢者然として、幾多の強大無比の王国の重責を担うにふさわしい、あたかもアトラスの肩のような肩を聳《そび》やかして立っていた。（『失楽園』上）

まるで、後々のアドルフ・ヒトラーの恭しさを装った演説の姿を思い浮かべてしまうほどです。ミルトンは、ベルゼバブを神々に復讐《ふくしゅう》を仕掛けるサタンの分身のように見なし、悪魔としての位も高くして、その威風堂々とした地獄の雄姿を描いたのです。

聖書では、人間や豚に憑依して悪をなしていたベルゼバブですが、ミルトンは物語のキャラクターとして復活させ、その振る舞いや会話を詳細に描写しました。

古代から聖書に登場する悪の存在は、その時代時代の文学で、あらゆる悪しきものの象徴、比喩や寓話として登場し、人間とは何かという大きなテーマを考える重要なヒントとなってきました。また、破壊や堕落をもたらす悪霊や悪魔の存在は、文学者の創作意欲をかきたてる、謎多き魅力的な素材だともいえます。

これまで、聖書に登場する悪の化身、悪霊の姿を見てきましたが、それなりのイメージは持てても、悪とはいったい何なのか、やはりまだ曖昧なままです。それは自然を超えた何者なのか、悪魔学的にとらえられる悪なのか、あるいはそれは質量を持って実体として存在するものなのか、さらに神は全能で愛に満ちているはずなのに、なぜそこに悪が存在し、それによってもたらされる苦難が絶えることがないのか。首をかしげざるをえません。

そこで、そうした問いに答える上で、いくつかの物語の中に出てくる悪を読み解きながら、悪とは何なのか、考えてみましょう。

二、闇の中からの悪

ウィリアム・ゴールディングの『蝿の王』から

前にも述べましたが、私たちの身辺の世界は、さまざまな悪意に満ち満ちていると言っても言い過ぎではありません。とても人間の仕業とは思えないような悪行が途絶えることがないからです。

聖書で見てきたように、悪の根は深く、だからこそ、ベルゼバブのような存在を徹底して排除しようとしたのでしょう。

そうした悪を考えるときに、非常に参考になるのが、ウィリアム・ゴールディングの『蠅の王』です。前にも言いましたが、「蠅の王」とはベルゼバブのことで、聖書の中で一貫して続いている悪の象徴です。作品中では蠅が群がる豚の生首を悪の象徴と見なし、「蠅の王」と形容しています。

この物語は、ジュール・ヴェルヌの『十五少年漂流記』やダニエル・デフォーの『ロビンソン・クルーソー』など、いくつかの漂流記をモデルにして独自の世界を打ち立てた、ゴールディングの出世作です。

『ロビンソン・クルーソー』を筆頭にした漂流記は子供たちが大好きな冒険ものですが、『蠅の王』はそのモチーフを利用しただけで、これらの漂流記とは正反対の悲劇的な展開になっています。たぶんゴールディングは意図的にそうしたのだと思います。一九五四年の作ですから、冷戦がピークのときで、第三次世界大戦が起きるのではないかという想定のもと、架空の大戦のさ中に物語は展開していきます。

その大戦中に、疎開地へ向かう飛行機が墜落し、乗員である少年たちは南太平洋の無人島に置き去りにされてしまいます。島に取り残された少年たちの年齢は、五、六歳から十二、三歳で、まだ保護のいる幼い子供も混じっている集団です。最初は年長の少年を中心に、互いに励まし合いながら、子供たちは生き延びるための作業に協力していました。しかしやがて、子供たちの関係に亀裂が入ります。彼らの中で何が起きたのか。そのきっかけになったのは、子供たちが豚を殺すことを覚えたことからでした。物語に豚を殺す場面を挿入したのは、作者が意図的に聖書に書かれている世界をイメージさせようとしたのだと思います。

『旧約聖書』では、動物を食べる場合には、完全に血を抜かなければいけません。血は特別な意味を持っていたからでしょう。『旧約聖書』の『レビ記』にはこんなくだりがあります。「あなたがたのうち、だれも血を食べてはならない。またあなたがたのうちに宿る寄留者も血を食べてはならない。イスラエルの人々のうち、またあなたがたのうちに宿る寄留者のうち、だれでも、食べてもよい獣《けもの》あるいは鳥を狩り獲た者は、その血を注ぎ出し、土でこれをおおわなければならない」（第一七章一二―一三節）。

しかし子供たちはそんな聖書の掟など知りません。何しろ豚を捕らえて殺す体験そのものがはじめてのことなのですから。子供たちは生き延びるために豚を殺して、それをさばき、その肉に食らいつきます。

ジャックは、そのあいだ、豚の肉を切り刻んでいた。豚のからだを丸ごと棒にのせ、火で焙《あぶ》ろうとしたが、豚が焼けるより先に棒のほうが焼けてしまった。そこで、肉片を枝の先に串ざしにして、炎の中で焙ることにした。そうした場合でも、肉が焼けるより先に、下手《へた》をすると少年の丸焼きができそうだった。

ラーフは、涎《よだれ》を垂らした。豚肉などは食うのを断わるつもりだったが、今まで果実や木の実のほか、妙な蟹《かに》や魚ばかり食べてきた関係上、肉への誘惑には抵抗しがたかったのだ。半ば生の肉の一片をもらって、まるで狼《おおかみ》のようにがつがつ食った。
（『蠅の王』）

豚を殺し、血の滴るような肉を貪《むさぼ》り食ったことで、子供たちの内側に異変が起きます。それまで、子供たちの闇の奥にしまい込まれていた破壊衝動が目覚めるのです。子供たちの中で目覚めた恐ろしい破壊衝動は、やがて凄惨な殺し合いへと発展していきます。

無垢な存在にも宿る闇の奥からの悪

その後、物語は少年の冒険ものとは似ても似つかない残酷な展開を見せていきます。ただ、その中で非常におもしろいのは、物語中にほら貝が出てくることです。みんなで会議をするときに話し手が必ずほら貝を持つことで、正確な順番をあてがう。それがほら貝の役割です。

このほら貝は理性といってもいいでしょうし、あるいは人間が持っている良心の一つのシンボルかもしれません。

しかし最終的には、ほら貝は破壊され、子供たちの中で唯一善的な存在だったピギーも、サイモンも、子供たちの殺戮によって無残にも殺されていくのです。

死が迫ってくる中でピギーは「ほら貝をもってるんだぞ！」と叫びます。そして自分に死をもたらそうとする相手に必死に問いかけます。「どっちがいい――規則を守って仲良くやってゆくのと、狩りをしたり殺したりするのと？」と。その魂の問いかけは、もはや誰の耳にも届きませんでした。

この本を読むと、闇の奥から現れてきた悪の力に圧倒される思いがします。無垢《むく》な子供たちの中にも、殺戮に向かうような破壊衝動が秘められており、何かをきっかけにその悪が解き放たれることもあるということを、『蠅の王』は示しているのだと思います。

そう思って読みながら、私にも身に覚えのある場面が甦《よみがえ》ってきました。

小さいころ、家の庭の隅の草むらに潜んでいた「青大将」を皆で寄ってたかって八つ裂きにし、気勢を上げていたことを憶《おも》い出したからです。

どうしてあんなに興奮し、皆で盛り上がったのか。ヘビには何の罪もないのに、ただその姿がグロテスクに見えるというだけでヘビを嬲《なぶ》り殺しにし、しかも血が飛び散るさまを見て、皆がワクワクするように興奮していたのですから、いまから思えば、我ながら、子供の中に潜む悪に思い至らざるをえません。

おそらく、子供は、うぶであるがために、善いことも、悪いことも、素直にストレートに表現するものなのでしょう。

この物語で非常に印象的なのは、豚の頭を切り落として、それを蠅の王のシンボルとして、蠅の王に捧《ささ》げるというシーンです。これは『ルカによる福音書』の第八章にもあったとおり、悪霊たちの巣食った豚が湖になだれを打って溺《おぼ》れ死んでしまったという一節を念頭に置きながら書かれたのだと思います。

ゴールディングは、彼自身も残酷な戦争に参加した経験を持ち、戦争の悲惨さを痛切に知っていた世代です。彼の中には、人間の原罪に等しいような悪というものに対する敏感なうずきがあったのではないでしょうか。そうした悪を子供と結びつけることで、悪をよりリアルに鮮明に浮き彫りにしようとしたのだと思います。

『ピンチャー・マーティン』——あるエゴイストの回想

闇の奥からの悪をテーマにした『蠅の王』ともつながる作品ですが、今度はゴールディングが一九五六年に発表した『ピンチャー・マーティン』を見てみましょう。

この物語は冒頭から読者を引きつけます。これも戦争中に起きた話で、始まり方も『蠅の王』とよく似ています。敵艦の魚雷に当たった船が大破して溺れかけた船長のマーティンが、岩礁《がんしょう》に打ち上げられる場面から、物語は始まります。

彼はやっとのことで岩にへばりつき、力尽きそうになりながらも、岩に張り付いた貝や海草を食べ、そこから必死に六日間を生き延びるのです。その間に、彼は自分自身がどういう人物であったかを回想していくのですが、読んでいくと、この男がとんでもない悪人であったことが判明してきます。

船に魚雷が当たって沈没し、仲間が死んでしまった原因も、じつは彼が作ったことがわかってくる。彼の悪行はそれだけではなく、回想の中ではありとあらゆる罪深いことをやらかしているのです。彼にとって周囲にあるもののすべては、自分を生かすための単なる手段にしか思えない。つまり、エゴそのものの男なのです。

第一章で、「悪には身体性が欠如している」という話をしましたが、マーティンはまさにそれを体現しています。いつのまにか自分の身体が実感できなくなっている。生身の肉体ではなく、単なる物質にしか思えなくなっているのです。自分の周囲にあるもの一切が無価値で、自分を生かすための道具でしかないということは、生きている実感が根本的にないということと同じです。

完全なるエゴイズムというのは、果てしない虚無、空洞感と一緒です。そして悪はそんな空虚な存在に宿るのです。

この話には、最後にどんでん返しがあります。六日の間、必死に生き延びようと苦悶し、サバイバルしていたわけですが、じつはすでにマーティンという男は死んでいたというオチで話が終わるのです。

浜辺の見張り番が、無人島に上陸したイギリス海軍の士官に、食べ物もないこんな島に打ち上げられてマーティンは苦しんだだろうかと聞くと、死体を見た士官が「その心配はない。作業用長靴を脱ぐ暇もなかったほどだから」と答えるシーンがあります。つまり、船に魚雷が当たった時点で彼は海に投げ出され、溺死していたのです。

ということは、小説の中の回想は誰がしたのでしょうか。彼が死んだあとに、彼の魂が自分の人生を回想していたことになります。つまり主人公は最初の数行で死んでいたにもかかわらず、作者の手法に読者はまんまと引っかかって、六日間の苦闘をともにするわけです。読者には最後に判明することですが、この物語で、ゴールディングはマーティンを二回殺していることになります。

もうすでに死んでいる者が延々と自分の人生を回想する。そしてその人生がいかに悪に染まっていたかが明らかになってくるとき、語り手の身体的な実感がおぼろげなものになっていきます。

ゴールディングは、悪というものを、完全に人間のリアリティーを欠いた存在として描いています。身体感覚がない、生きている実感がない状態というのは、すでに死んでいることと同じです。ですから、ゴールディングはその空虚な死体に、悪に満ちたマーティン自身の人生の回想をさせたのです。

さらにその奥を窺《うかが》えば、六日間の孤島でのサバイバルは、私たち人間の人生を象徴しているようにも見えます。悪に満ちた世界で生きていくのがいかにつらいか、作者は人間の魂の苦闘をそこに映し出そうとしたのではないでしょうか。

三、悪は空虚を好む

グレアム・グリーンの『ブライトン・ロック』

自分の生命《いのち》が大切だと思う以外、何も信じていないピンチャーは、貪欲の権化、悪の化身と言えますが、ここではもうひとり、ストイックでありながら悪の化身でもある主人公を取り上げてみましょう。

それはイギリスを代表する文豪の一人、グレアム・グリーンの名作『ブライトン・ロック』（一九三八年）の主人公、ピンキー・ブラウンという十七歳の少年です。彼は常に硫酸と剃刀《かみそり》を持ち歩き、衝動的で凶暴。そして一切の世界を信じていないし、関心も持っていません。

悪というものには、何かしら魅力的な香りがあり、人を惹きつけてやまないものとしてイメージされることがあります。しかし、それは幻想にすぎず、キリスト教の中では、悪とはとても無内容で空虚なものだと捉えられています。

悪は何かを欲しているようでいながら、その実何も欲していない。悪はただひたすら空虚を望んでいるのかもしれません。さらにそれを突き詰めると、悪には形式そのものを好むという特質があるといえます。

その「悪の形」をはっきりと示してくれたのが、グレアム・グリーンの『ブライトン・ロック』という小説なのです。

舞台は、イギリスの海辺の行楽地ブライトン。

その静かな町によそ者のギャングたちが乗り込んできて、主人公のピンキーたちの縄張りを荒らそうとしています。

十七歳の不良少年ピンキーは、常に硫酸と剃刀を持ち歩き、暴力にものを言わせる札付きのワル。縄張り争いが高じて、ピンキーは仲間たちとともに、ライバルを殺してしまいます。完全犯罪を目論《もくろ》んだが、仲間の一人がへまをしでかし、ローズという純朴なウエイトレスに気づかれていたことを知り、ピンキーは彼女を誘惑し口封じをしようとするのですが……。

この物語はピンキーとローズ、そしてアイダの三人を中心に話が展開していきます。

この作品のタイトルは、ブライトン・ロック（砂糖菓子）という棒状のキャンディから来たもので、菓子のどこを切ってもブライトンという文字が出てくる金太郎飴《あめ》のような砂糖菓子を指しています。小説の註釈によれば、イギリスの海浜遊楽地ではお馴染みのキャンディとあります。なぜそんな菓子名が物語のタイトルになっているのでしょうか。

小説中に、ピンキーを更生させようとするローズが「人間って変るものなのよ」と言うと、相手の女はそれを否定し、ピンキーがいかに危険な男かを話して聞かせるのですが、その中にこんな台詞《せりふ》があります。

いいえ、そんなことない。あたしをごらんなさいな。今までちっとも変ってやしない。糖菓《ロック》の棒みたいなものさ。どこを嚙ろうと、ブライトンと書いてある。それが人間の本性なのさ。

（『ブライトン・ロック』）

つまり、ワルはワルのままで、人間の本性なんて変わりっこないというメッセージが、このタイトルの中に込められているのかもしれません。

人間なんて所詮、「糖菓《ロック》の棒」のようなものだと言われると、第一章で取り上げた上村君惨殺事件の主犯格の少年のことが頭をよぎります。「あいつは、死刑だ」という声には、ワルはずっとワル、人間なんて変わりっこないという、人間に対する突き放した眼差しを感じるからです。

たしかに私自身も、自分を振り返ってそう思う時があります。しかし同時に、いや、人間は変わりうる、変わりうるはずだ、そう信じたい自分がいることに気づかされます。そう信じなければ、私たちは結局、悪の力の前に無力であることを告白しているようなものになってしまうからです。

とはいえ、作者のグレアム・グリーンも揺れ動いていたのではないかと思います。なぜなら、彼は最後までカトリックの熱心な信者だったのですが、一方で児童買春の嫌疑がかかっていた複雑な人物だったからです。人間にはいろんな側面があるものですが、作者であるグレアム・グリーン自身も罪深い闇を抱え、揺れ動いていたことになります。

信仰にすがりつきたい部分と、背徳の快楽に溺れたいという欲求。作家自身の中にあるそのせめぎ合いが、物語の闇を一層濃くしているような気がします。

作者のキャラクター分けは非常にはっきりとしています。少年ピンキーは悪の化身、ピンキーが殺人犯であることを知っているにもかかわらず、彼に好意を寄せるローズは、善そのものの化身です。そして、ローズに訳知り顔で善悪を説く女のアイダは、私たちの住む世間の常識を象徴している存在です。

ローズとピンキーが信仰について話すくだりがあります。

ピンキーに向かってローズは当たり前のように言います。「だけど信仰は持ってらっしゃるでしょう?」「ねえ、あれは真理だと思う?」と。ローズのいう「あれ」とは福音書のことです。
その後の二人のやりとりを抜粋してみましょう。

「むろんあれは真理さ」と〈少年〉は言った。「本当に道理にかなっているのは、あれしかないじゃないか。無神論者なんて連中には、何もわかってやしねえんだ。むろん地獄ってやつはある。火刑や劫罰もある」。そして暗い海のうねりを、稲妻を、黒々と見えるパレス桟橋の支柱の真上で消えて行く灯を眺めながら、「地獄の責苦もあるんだ」

「それから天国もよ」とローズが不安そうに言った。そして、雨は果てしなく降りつづける。

「ああ、多分ね」と〈少年〉は言った。「多分ね」（同前）

〈少年〉というのはピンキーのことですが、彼の生い立ちはほとんど説明されていません。しかし、このピンキーという少年は、現代の悪を考えていくときに、非常に印象深いキャラクターです。悪の化身のように描かれてはいても、異性に対しては、女性で言う処女のような初々しさを持っているのです。しかも、彼はとても禁欲的なのです。

悪によってなら神を信じられる

少年ピンキーは、ブライトンという町の享楽的な堕落を尻目に、この世界というやつは生きるに値しないと思っています。そして十七歳にして、こんな世界は破壊してしまえばいいという、邪悪な衝動にとり憑かれている人間なのです。やがてその破壊衝動は殺人に向かいます。傍目《はため》には縄張り争いに見えますが、じつのところ殺人を犯した理由はあまりはっきりしていません。

ピンキーの心理を描写したこんなシーンがあります。

殺人はただこの——腐敗へと導いてくれる役割をしたにすぎない。じぶんの力に対する畏敬の念が彼のなかにあふれた。(同前)

神様がいないのに、この世の中で善を信じることなんてできるのだろうか。そんなものは信じられない。でも、もしかすれば、悪があることによってなら、この世に神があるということは信じられるかもしれないと彼は言います。この言い方には、悪というものが「逆立ちされたイエス」のように表現されているのです。

さらにピンキーは、地獄こそが実在なのだという決め台詞を吐きます。

おれという人間は、平安にふさわしくできていない。おれにはそんなものは信じられないのだ。天国なんてものはただの言葉にすぎない、地獄こそ、おれにとって信用できる実在なのだ。頭が考え出せるものは考えることができるものだけなんだし、一度も経験したことがないものを考え出すなんて不可能なことだ。（同前）

つまり、彼が信じられるのは悪だけなのです。

ローズはそれを救ってくれる善の存在です。ところが、彼女は無内容な、単なる素朴な善を信じているだけで、実際の経験を通じて善を知っているわけではないのです。

つまり無知なのです。

グレアム・グリーンの冷徹な視線はそこにあります。ここで彼が何を言いたいのかといえば、ピンキーの悪もローズの善も、じつは同じ基盤に立っているということです。ただ年齢が若いというだけではなく、この世の中の具体的な存在や経験をまったく知らない。そんな二人によって、悪と善とが語られている。それこそがこの世の堕落ではないかと、グリーンは考えていたのではないでしょうか。

この二人の間に登場するアイダという中年女は、ピンキーからローズを引き離そうとするのですが、グリーンは彼女に、中流の世俗的な常識を語らせています。

一見、思慮分別に富んでいるように見えますが、アイダには善もなければ、悪もない。要するに、彼女は俗物的な良心の化身なのです。ある意味では、彼女は悪からも遠いと同時に、善からも遠い存在といえます。

彼女のような存在は私たちの周囲にもいるでしょう。世間の一般人で、思慮分別を代表する人物です。

経験を拒絶する空虚な悪

ピンキーは追い詰められて、最後は崖《がけ》から飛び降りて自死を選びます。ピンキーの子を宿していたローズは、彼を救えなかった自分を責めて、カトリックの司祭に懺悔《ざんげ》します。ローズが「彼は地獄へ堕ちているのです。彼は、じぶんがどうなるか知っていました。やはり、カトリック信者だったんです」と言うと、司祭は静かにローズにこう告げます。

「最も善き者の堕落は最も悪しき堕落なり《コルティオ・オプティミ・エスト・ペッシマ》」と。

その意味をローズが尋ねると、司祭はこう説明しました。

> つまり……信者は、なんびとよりも悪をなす能力がある、というのです。わたしは、――われわれが悪魔の存在を信じているから――おそらくわれわれは他の人々よりもはるかに多く悪魔に接触している、と思うのです。
> （同前）

最後に司祭は、「彼があなたを愛していたなら、きっと（中略）そのことが――何か善なるものがあった証しになろう……」と、愛について触れます。司祭のこの言葉でローズは救われたのでしょうか。小説中ではそれはわかりません。愛というものが、救いになるかどうか……。

ピンキーという人物から浮かび上がってくる悪とは、いったいどんなものでしょうか。彼は実在する世界の何物をも信じていませんでした。彼について「他人のさまざまな感情が彼の頭脳を疲れさせた。彼は今まで、この理解したいという欲望を感じたことがなかったのである」という描写があります。彼にとって、理解を強いられる、この経験の世界こそ、制約以外の何物でもなかったのです。

彼は、なぜ悪によってしか、神の痕跡《こんせき》を捉えられないのかという怒りを抱えながら、この世界を拒絶していました。つまり、ピンキーという少年が抱える悪は、空虚そのものであり、ピンキーは空虚であるがゆえに、より純粋なものを求めて悪をなし続けたのです。グレアム・グリーンは、悪のそうした在り方を、ピンキーを通して描きたかったのだと思います。

ピンキーが死ぬときの場面はこんなふうに語られています。

まるで彼が一本の手によって、過去あるいは現在のなんらかの存在から引きぬかれ、ゼロへ——虚無へと奪い去られたかのように。（同前）

虚無的な存在が消え去る先は、さらに深い闇を抱えた虚無なのかもしれません。

この小説を読むと、日本で起きたいくつかの事件が思い浮かびます。神戸連続児童殺傷事件もそうですが、十数年前に起きた、大阪教育大学附属池田小学校での無差別殺傷事件でも、犯人像がどこかピンキーに重なります。宅間守という犯人は、なぜあれほどむごたらしいことをしたのか、その内面の理由もわからないまま極刑にされてしまいました。

そして、ピンキーの対極として思い出すのは、加藤智大《ともひろ》による秋葉原無差別殺傷事件です。彼は人とのコミュニケーションをただひたすら求めながら、それが叶《かな》わなかった絶望感から無差別殺人に走りました。彼の場合、世界そのものを拒否していたピンキーとは正反対に見えます。しかし、絶望という虚無が死の衝動、破壊衝動につながっていく構図は同じです。

人は大きな虚無に捕らえられたとき、自分であれ、他人であれ、死への刃《やいば》を振るいたくなるのでしょうか。

トーマス・マン『ファウストゥス博士』から――レーヴァーキューンと「あいつ」との対話に見るナチスの影

『ブライトン・ロック』の主人公ピンキーの「空虚感」は、多かれ少なかれ、私たちにも存在しているものです。私たちは、この空虚を何によって埋めているのでしょうか。お金か名誉か権力か愛か……。じつはこの空虚は何をもってしても埋まりません。埋まらないところに、ピンキー的な悪があるのです。

このピンキーをもっと洗練されたキャラクターにしたのが、トーマス・マンの、『ファウストゥス博士』（一九四七年）に登場する、アドリアン・レーヴァーキューンという作曲家です。

トーマス・マンは、この壮大な物語の中で、ある悪を造形化して見せてくれます。なぜそれが作曲家なのかといえば、たぶん、芸術の中で、音楽こそが最も抽象的で形式そのものであるからでしょう。

悪は形式を好むのです。

レーヴァーキューンという人物は、芸術のために、悪魔に自らの魂を売り、天才的作曲家として名声をほしいままにします。その彼が没落していく生涯を、友人の古典学者ツァイトブロームが綴るという形で物語は進行していきます。

その中に、レーヴァーキューンと「あいつ」との対話があります。その「あいつ」の台詞で非常に印象深いものがあります。

真理とは体験と感情ではないだろうか? 君を高揚させるもの、君の力と権力と支配の感情を増大させるもの、ええい、そうとも、それが真理なのだ、——たとえそれが道徳の見地から見れば十倍も嘘だとしても。力を高揚させる性質の非真理はあらゆる不毛な道徳的真理に比肩すると僕は主張する。創造的な、天才を与える病気、高く馬上に打跨《うちまたが》って障害を跳び越え、不敵な陶酔のうちに岩から岩へと疾駆する病気は、足をひきずりながら歩いて行く健康より、生にとって千倍も好ましいと僕は主張する。病者からは病的なものしか生れ得ないという議論ほどの愚論を僕は聞いたことがない。生は気難かしいものではない、道徳のことなど気にかけはしないのだ。生は病気の大胆な産物を摑みとり、貪り啖《くら》い、消化する、そしてそれをわがものとして血肉化するや否や、それは健康に化する。

（『ファウストゥス博士』）

この「あいつ」の台詞にある高揚感は、先のピンキーが人を殺したときに感じた「じぶんの力に対する畏敬の念が彼のなかにあふれた」という高揚感に通じるものがあります。ここで、悪魔の「あいつ」は、高らかに言い切っています。

道徳的な真理なんてくそ食らえ！

人間を高揚させるもの、それは「病気」である、と。実際、レーヴァーキューンは、創作に必要な霊感を得るために、梅毒持ちの売春婦と関係し、意図的に梅毒にかかるという行為もしています。悪魔に魂を売った人間は、「自分を高揚させるもの」のためには、それこそどんな手段をも選ばない。レーヴァーキューンは、その悪の病に全身を冒されていたということでしょう。この「病気」が、壮大な規模で地上に立ち現れたときに何になるか。

トーマス・マンは、その地上の病をナチズムに見ました。マン自身も書いていますが、この『ファウストゥス博士』は、間違いなくナチズムの寓意《ぐうい》になっています。

この物語からは相対立するはずの前衛的なものと野蛮なものが融合し、それがより巨大な悪へと膨らんでいく様子が窺えます。この意味で、ナチスとはまさに、最も前衛的な、金髪碧眼《へきがん》の「野蛮人」ということになるのです。

マンは、ドイツ人の抽象性や観念的陶酔を含め、彼らの内包する病の形を、レーヴァーキューン（＝ドイツ）の没落の悲劇として描いたのです。

四、根源的な悪と陳腐な悪

人間の自由と悪について

ここまで、新旧聖書、そしてさまざまな物語の中で語られる悪を見てきました。聖書の中で古代から語られてきた悪霊ベルゼバブをはじめ、それぞれの物語の主人公たちは、悪を象徴する存在として、ある意味で魅力的ともいえる異彩を放っていました。

いずれの主人公も、文豪といわれる作家たちが根源的な悪に迫ろうとして生み出した、「悪の化身」です。おそらく書き手自身も人生の深淵を覗きこみ、悪とはいったい何かということについて煩悶《はんもん》したのではないかと思います。

彼らが物語に映し出そうとしたのは、「人間には悪い面もあるけど、いい面もあるよね」

といった通俗的な悪の姿ではありません。性善説のように、人間はもともと善的な存在だったのが、文明や社会の影響を受けて悪というものが目覚めてきた、という理解の仕方でもありません。

彼らがテーマにしたのは、根源的な悪の問題です。

この根源的というのは、悪のレベルを言っているのではなく、人間の自由と悪の問題が密接にかかわっているという意味で、根源的なのです。もし善悪を裏表の問題として捉え、なぜ私たちは悪をなすのかと問い質してみると、その最終的な原因は人間の自由というものに行き着かざるをえません。

たとえば、ある人が殺人を犯したとしましょう。その要因は何かと考えたとき、いくつかの選択肢が私たちの中には思い浮かびます。それは社会的条件のなせるわざなのか、あるいは彼の人間形成の素因がそうせしめたのか、あるいは彼の中にそのような悪の因子があったのか、あるいは自由意志に基づいて殺人を選択したのか。

こうした選択肢が考えられる中で、私たちは、純粋に自由の問題として悪を捉えることは可能です。悪を根源的な自由とのかかわりからみることは重要な視点です。

人間の社会的存在としての原罪

しかし、この考え方には弱点が存在します。この考え方を突き詰めると、限りなく新自由主義に近い自己責任論が導き出されてしまうからです。

人間が自由であるがために悪をなすということは、悪が自己決定、自己責任のもとに生まれるという、個人の責任論になってしまいます。悪が個人の自由な選択によるものだとしても、それだけでは、なぜ悪というものが芽生え、悪という行動をなしてしまうのかという問題の解答にはなりません。

これに対して、人間の中には「死の衝動」「破壊願望」があると考えれば、それを根源悪の要因とみなすことも可能です。

キリスト教的に言えば、「原罪」ということになるのでしょうか。

死の欲動は、本能のように人間がもともと持っているものです。分かちがたく、存在そのものの中にある。たとえば、それぞれの人生において悲痛な体験をしてからはじめて自死を意識するのではなく、どんな人間でも生まれつき〝死にたい〟という欲望にからめとられているのです。他ならぬ私でさえ、ふっとつぶやいてしまうこともあります。――死にたいな、と。しかし同時に人間は社会的存在でもあります。そこで社会的な人間として、「死の衝動」なるものと折り合いをつけなければならないのです。悪の力を考えるとき、このことはとても重要です。

それでは、原罪をどう捉えたらいいのでしょうか。

原罪とは、キリスト教的な概念ですが、私はこれを人間が社会的存在であるがゆえの原罪として考えたいと思うのです。

人間というのは、社会の中で、個人では見通しがたい、予期しえない他者との複雑な絡み合いの中で生きていかなくてはなりません。したがって、個人の自由で純粋な行動といえども、他者との関係の中で、思わざる結果になる、場合によっては自分では気づかないうちに、悪を及ぼしているかもしれません。

たとえば、大枚をはたいて、愛する女性《ひと》にやっとダイヤモンドの指輪をプレゼントすることができ、恋人も幸せな気分に浸っているとしましょう。ダイヤモンドの指輪は、微笑《ほほえ》ましい恋人たちの愛の交歓に必要な重要なアイテムかもしれません。しかし、指輪は、経済的・社会的な連鎖を通じて、思いもよらない、遠いアフリカの「紛争ダイヤモンド」、いわゆる「ブラッド・ダイヤモンド」と繋がっているかもしれないのです。

レオナルド・ディカプリオ主演の映画『ブラッド・ダイヤモンド』は、アフリカのシエラレオネ共和国での内戦での「ブラッド・ダイヤモンド」をめぐるサスペンスですが、この映画から私たちは、ダイヤの価値が、「カラー」「カット」「透明度」「カラット」の四つのCとともに、最後に「紛争」(conflict)によって決まることを知ることになるのです。

このように愛の交歓のためのアイテムが、血みどろの紛争によって産声を上げたとしましょう。

すると、そのアイテムだけを切り離して享受するだけの私たちは、無垢な、ただの消費者にすぎないとしても、社会的な存在として、そのような仕組みの連鎖の中に組み込まれ、紛争の片棒を担いでいる(＝原罪を背負っている)と言えないわけでもありません。そういう私も、この連鎖の中でしか生きられないのですから、言うまでもなく、原罪を背負っていると言えます。

そうした意味で、誰もが社会的存在であるがゆえに、原罪としての悪と決して切り離すことができないのです。もちろん、だからこそ、たとえ微々たるものであれ、その負の連鎖を、他者と自己を生かす連鎖に変えていく可能性もあるのです。

それは、ひたすら「個人化」を推し進め、孤立した個人の自由な選択と自己責任を強調する新自由主義とは対極にあります。

漱石『それから』に見る、身体実感の欠如

私たちがこの世に生きるものとして、その原罪とどう付き合っていくか。そのことを考えるために、もう一度、物語に映し出された悪の特徴を振り返ってみましょう。

ピンチャー・マーティン、ピンキー、レーヴァーキューン、あるいはシェイクスピアの戯曲に登場するマクベス、リア王、リチャード三世などの悪の主人公たちは、すべて自我という地獄の中にいました。自分以外のもの、場合によっては自分の身体さえも、欲望を満たすための道具とみなす。そうした考え方にとり憑かれた人たちの悪を表象していまし

た。

　個人の存在と自我が極端に肥大化し、そのとらわれ人になった結果、ありとあらゆる制約から自由であろうとする願望が悪をなしてしまう。そういう構図が見えています。このとらわれ人には、ほとんど身体の実感というものがありません。

　夏目漱石の『それから』にも、主人公・代助《だいすけ》が感じる身体感覚のなさが非常に具体的に描写されています。次の引用は、入浴中の代助が自分の身体をまるで別の存在であるかのように感じる興味深いシーンです。


　湯のなかに、静かに浸かっていた代助は、何の気なしに右の手を左の胸の上へ持って行ったが、どんどんという命の音を二、三度聞くや否や、たちまちウエバーを思い出して、すぐ流しへ下りた。そうして、そこに胡坐《あぐら》をかいたまま、茫然《ぼうぜん》と、自分の足を見詰めていた。するとその足が変になり始めた。どうも自分の胴から生えているんでなくて、自分とはまったく無関係のものが、そこに無作法に横たわっているように思われて来た。そうなると、今までは気が付かなかったが、実に見るに堪《た》えないほど醜いものである。毛が不揃《むら》にのびて、青い筋が所々に蔓《はびこ》って、いかにも不思議な動物である。

（『それから』）

この代助もまた、一切の社会の掟から自由でありたい「遊民」気質で、そうした生き方によって全能感を味わいたいと願う主人公です。しかし実際には、非常に空虚な生を生きている男です。もはや、彼にとって身体すらも自分のものではない。その不快感がこの描写によく表れています。

こうした空虚な存在の中で、一切の制約から自由になりたいという願望が、さらに空虚な無に向かって噴射される。それが典型的な悪の姿であり、死の欲動であり、根源的な悪としての原罪なのだろうと思います。

また、悪が分裂した二面性を持つことも、大きな特徴です。

「俺」「私」という自我の極端な肥大があるにもかかわらず、一方で自分の存在が異常に希薄になっている。そこにもほとんど生きている実感はありません。そのむなしさを埋めたくて、やはり死の衝動に突進していくのです。人間だけでなく、悪の枢軸と呼ばれる集合体にも、この悪の形は宿ります。

悪は病である

そう考えていくと、悪というのは決して魅力的なものではなく、ある意味陳腐で、何かが決定的に欠けている状態を指すことがわかってきます。

欠損していて十全でない――つまり、悪とは病なのです。

しかし、私たちは悪しきものになぜか惹かれます。本書で紹介した物語の主人公も、犯罪に手を染めているにもかかわらず、非常に魅力的なキャラクターに見えたりもします。それを描いた文豪たちも、少なからず悪の抗しがたいパワーに惹きつけられていたことは間違いないでしょう。

なぜ私たちは、悪を魅力的で魅惑的《グラマラス》で、悪漢的《ピカレスク》なものとして描こうとするのでしょうか。

その理由は私たち自身の中にあります。

私たちは多くの場合、日常において、中流のモラル、節制、勤勉、節度等々の価値によって縛られています。そうしたモラルを侵す、あるいは法律や掟を破ることには、ある種の痛快感があります。

第一章で取り上げた私たちの中にある「シャーデンフロイデ」（ざまあみろ！）という感覚が呼応するのかもしれません。それは、「野卑な歓び」ということでしょうが、その快感が、悪を魅力的なものに見せているのです。しかし悪の根本はこの世界の否定であり、極めて陳腐な病にほかならないのです。

『イェルサレムのアイヒマン』（ハンナ・アーレントが一九六三年に雑誌「ザ・ニューヨーカー」に連載したアドルフ・アイヒマンの裁判記録）の中で、まさにこの陳腐な悪が、ハンナ・アーレントによって指摘されています。副題は「悪の陳腐さについての報告」です。この記録の中でアーレントは、アイヒマンは、ホロコーストに関与し、数百万のユダヤ人を強制収容所へ移送するにあたって指導的な役割を果たしたにもかかわらず、陳腐な悪の代表だと言い切っているのです。

私が悪の陳腐さについて語るのはもっぱら厳密な事実の面において、裁判中誰も目をそむけることのできなかった或る不思議な事実に触れているときである。アイヒマンはイヤゴーでもマクベスでもなかった。しかも〈悪人になって見せよう〉というリチャード三世の決心ほど彼に無縁なものはなかったろう。（中略）完全な無思想性——これは愚かさとは決して同じではない——、それが彼があの時代の最大の犯罪者の一人になる素因だったのだ。
（『イェルサレムのアイヒマン』）

彼女の報告では悪の陳腐さは、このアイヒマンの思想のなさとして暴露されているわけです。つまり陳腐な悪とは、思慮の欠如であり、そして想像力の欠如であるということです。その思想のなさという病が集団殺戮を生みだす遠因ということになります。

ただ、この恐ろしい病の根は私たちの中にもあります。私たちは、その病を、原罪を、死の欲動を、暴走させずに生きていくことができるのでしょうか。

第三章　なぜ悪は栄えるのか

一、歴史は悪にあふれている

ミルトンの『失楽園』に見る悪に満ちた歴史

昔から、「悪いやつほどよく眠る」とか、「悪は栄える」といった言い方がよくされます。けれど、その逆の「善は栄える」というフレーズはあまり聞きません。つまり、私たちは、善の方に人生を傾けたいと思いつつも、気持ちのどこかで〝悪はしぶとく生き残るものだ〟と諦《あきら》めてはいないでしょうか。

そこで、つくづく思うのは、善い人ほど不遇だったり、病に冒されて早く死んだり、とにかく好い目をみているようには見えないことです。それに比べて、悪の権化としか思えない独裁的な政治家や強欲な金満家、善人の仮面をかぶったワルなど、じつに「悪人」の方が、我が世の春を謳歌《おうか》しているように思えてなりません。

こんな理不尽さに私も怒りを爆発させたいと思う時があります。そして漱石ではありませんが、「そう云う、ももんがあ（「悪人」たち―引用者）を十把一《じっぱひ》とからげにして、阿蘇の噴火口から真逆様《まっさかさま》に地獄の下へ落しちまったら」（『二百十日』）どんなに胸がすくことか。

でも、結局、栄えているのは、悪だけではないのか。

こんな疑念が湧いてきます。

溜め息混じりの憤り、落胆は今に始まったことではありません。先に紹介したミルトンの『失楽園』には、あたかもいまの私の気持ちをそのままぶつけたような記述があります。


人間よ、恥を知れ、と私は言いたいのだ！　呪われた悪魔でさえも、悪魔同士で固い一致団結を守っているのだ、それなのに、生けるものの中で理性的な人間だけが、神の恩寵を受ける希望が与えられているにもかかわらず、互に反噬《はんぜい》（反目の意―引用者）し合っている。神が、地には平和あれ、と宣《のたも》うているにもかかわらず、互に憎悪と敵意と闘争の生活にあけくれ、残虐な戦争を起しては地上を荒廃させ、骨肉相食《こつにくあいは》んでいる始末だ。これでは、（もしそれに気づけば、われわれは当然一致協力すべきはずなのに）、あたかもこの地に地獄の敵が人間を囲繞《いにょう》（取り囲む―引用者）し、その破滅を日夜眈々《たんたん》として窺っているのを、まったく知らないものの如くだ！

（『失楽園』上）

『失楽園』の中で繰り広げられる地獄の会議では、サタンやベルゼバブや堕天使たちの幹部が、代わる代わる演説や提言をしていくのですが、ここに引用した台詞は、突然、叙事詩の中に作者自身、つまり、ミルトンが登場して、第一人称で読者に語りかけたものです。「人間よ、恥を知れ」で始まるこのメッセージは、物語の外側にいることがもどかしくなるほど、作者の憤りが激しかったことを感じさせます。これは十七世紀に書かれた言葉ですが、今でもまったく通用する、読者へのメッセージです。

人間には理性があるにもかかわらず、なぜ戦争を起こしては愚行に走るのだ、人間の破滅を虎視眈々《こしたんたん》とうかがう悪魔たちの存在に気がつかないのかと、ミルトンは熱烈に読者に語りかけています。

ミルトンは『失楽園』の後に『復楽園』を書くわけですが、彼の中には、人間の愚行というよりは、悪にあふれた歴史の刻印が根強くあったことが読み取れます。

世界的殺戮の場になった二十世紀

ミルトン以外にも、人間の歴史を悪に満ちた断頭台として描いた歴史家や哲学者はたくさんいます。

右派でハーバード大学の歴史学者、ニーアル・ファーガソンは、著書『憎悪の世紀―なぜ20世紀は世界的殺戮の場となったのか』の中で、二十世紀を「死が、悪が満ちあふれた世紀」と表現していますが、それは、あたかも人間の中の「死の欲動」が乱舞したような凄惨な百年でした。

この浩瀚《こうかん》な本の中では第一次世界大戦を皮切りに、ヨーロッパで相次いだユダヤ人大虐殺、スターリンの大粛清、南京大虐殺、原爆に象徴される第二次世界大戦、そして中国の文化大革命と、血塗られた歴史を追い、二十世紀に行われた史上空前の殺戮の実態が詳細に報告されています。

桁外《けたはず》れの戦死者以外にも、ナチスによるユダヤ人大虐殺やカンボジアのポルポト政権下でのジェノサイドなど、政治的な暴力での犠牲者を加えれば、二十世紀はまるで悪の狂乱の世紀と呼びたくなるほどです。

飛躍的な進歩の世紀だったにもかかわらず、なぜこれほどまでに累々と多くの死者が出てしまったのか。その答えは、文明国の指導者が、自国民の〝他人を殺したい〟というもっとも原始的な本能に訴えかけることに成功した点にあるのです。

同書が、単なる戦争の歴史書に終わらないのは、著者が「人間はなぜ殺し合うのか」というテーマにも真摯《しんし》に取り組んでいるからです。中では、フロイトとアインシュタインの論争にも触れ、戦争反対の運動に参加してほしいというアインシュタインに対して、「人間には、破壊し、殺害したいという本能＝『死の衝動』がある（だから戦争はなくならないのだ）」と難色を示したフロイトの論説にもページを割いています。

躍起になって戦争に反対しても、人間の中にあるこの忌むべき本性を認め、受け入れない限り問題解決にはならないというフロイトの指摘をどう考えたらいいのか、宿題は残されたままです。

二、悪の連鎖

悪の配分を減らす三つの要素とは？――「安全」「正義」「自由」

では、なぜいつの世も悪が栄えるのか。新しい世紀において、私たちはこの問題をあらためて考えてみなければなりません。その場合に重要なのは、破壊の衝動や死の欲動が人間の本能であるにしても、それがどんな時代や社会状態のときに全面的に表に現れてくるのか、その具体的な条件を予《あらかじ》め知っておくことです。

それを考えるときに手がかりになるのが、エーリッヒ・フロムの『悪について』です。

フロムは、人間という存在の中には、「死への願望」（ネクロフィリア）と「生への願望」（バイオフィリア）という二つの因子があると説いています。これはフロイトでいう「死の衝動」と「生の衝動」に対応した概念です。「死への願望」は、死、破壊、暴力に向かう因子であり、「生への願望」は、生に向かう生産的で生命力のある因子です。前者を悪、後者を善とする見方もできるでしょう。

フロイトとフロムの考え方が違うのは、これらの因子は人間の本能としてあるとするフロイトに対して、フロムはこれらの要素は人間に内在はしているが本能的なものではないという立場を取っていることです。

人間の中には「死への願望」と「生への願望」が常に矛盾をなして存在していることはよくわかります。誰しも、辛《つら》い現実に耐えかね、いっそのこと深い眠りにつきたいと思うことがあるはずです。でも他方で、一度の人生だから、できるだけ人生を謳歌したい、そんな気持ちになることもあるでしょう。

私などは、他人からは比較的心のアップダウンのない、落ち着いたイメージで見られているかもしれませんが、ひと頃は、その落差が激しく、自分で自分を持て余していました。

少なくとも四十代の終わりまで、その激しい起伏の連続で、この人生から逃げ出したい力と、より人生を謳歌したい力とが、交互に前面に現れてきて、精神的にくたくただったように思います。

でも、いまではいくつかの悲劇的な事件を経て、そうした二つの力が均衡する場所にしっかりと腰を下ろしている感じがします。そのことについては、後に少し触れることにしましょう。

ここで大切なことは、社会的な条件しだいで、「死への願望」と「生への願望」のどちらに傾くか、その配合が変わってくるということです。

フロムによると、その配合の結果、あるときには血なまぐさい戦争が起き、あるときには比較的平和な時代が訪れることになるわけです。

それでは、この配合を左右する社会的な要素は何でしょうか。それには三つの要素が考えられます。「安全」「正義」「自由」の三要素です。「安全」は、人びとが安心できる保障、セキュリティー、「正義」は社会の公正さ、そして「自由」。この三つの条件が社会的にどのような状態になっているかによって、「死への願望」と「生への願望」の配合が変わるというのです。

そういうわけで、悪は、「安全」「正義」「自由」の三つの要素がどのような関係にあるのかによって強くなったり、弱くなったりすると考えられます。

安心安全という感覚が満ちている社会、公正が比較的保たれている社会、そして自由というものが広がっている社会では、私たちは「生への願望」に突き動かされがちです。「死への願望」はどちらかというと、影が薄くなるのです。希望を語りうる社会、若者が生き生きとしている社会、それは、そうした三つの要素が、それなりに満たされた社会でしょう。

でも残念ながら、現在は安全も、正義も、そして節度ある自由も、まるで何かタガが外れたように、一挙にマイナスの方向に走り出しつつあるように思えてなりません。

新幹線の客室で、世の中に不満があるフツーの恵まれない人が、乗客を巻き添えに焼身自殺を遂げるとなれば、おちおち新幹線にも乗れなくなってしまいます。また「一％対九九％」と言われるように、富が一握りの人たちに集中し、目も眩《くら》むような格差が広がりつつある社会で、公正や正義が保たれているとは到底言えないはずです。さらに、濡れ手に栗のマネーゲームに興じられる自由もあれば、自分で自分を葬り去る自由もありといった社会では、節度ある自由など望むべくもありません。

というわけで、私たちの社会は、安全と正義、自由が歪《ゆが》められ、危機に瀕《ひん》しているとも言えます。それらが満たされなくなるとき、その反動は悪への退行現象として現れてくることになるのです。

何となく、時代の空気の中に、不穏なものや、きな臭い気配を感じる。全体が、不安感に覆われている。

そうした言葉では表現できない直感的な印象は、意外にも社会の深部で頭をもたげつつある悪の力を捉えていることがあるのです。それに私たちが気づくということは、やはり生き抜いてきた身体感覚の正常な反応なのかもしれません。

しかし、悪はまさしく、そのような身体感覚の欠落しているところに繁茂してくるのです。

世界への憎しみ

この問題を最も先駆けて私たちに示してくれたのが、ドストエフスキーの『カラマーゾフの兄弟』です。

この作品は、淫蕩《いんとう》で欲深い父を持つ三人の兄弟が織りなす愛憎劇で、神と人間という根源的な問題を提示し、神とは何か、自由とは何かを私たち読者に繰り返し問うてきます。とくにイワンが弟のアリョーシャに向かい激白する「大審問官」の章は、劇詩の形をとっており、悪魔と手を組んだ大審問官が、悪魔に代わり、キリストと対決する特異な構成になっています。

この有名な章で、大審問官に成り代わったイワン・カラマーゾフが、「この世界は堕落しきっている。この世界に生きる人間は、イエス・キリストの教えに値するだけの人間ではない」と、ことごとく自分の生きている世界を否定します。イワンが世界に向かって投げつける罵倒《ばとう》は、彼の自我と世界が真っ向から対立していることを示しています。

大審問官となって世界を裁いているイワンの言葉を少し引用してみましょう。

地上には三つの力がある。そしてただその三つの力のみが、こんな弱虫の反逆者たちの良心を、彼らの幸福のために永久に征服し、魅了することができるのだ。その力とは、奇蹟と、神秘と、権威にほかならない。（『カラマーゾフの兄弟』上）

結局、人間たちが望んだものは、イエスの愛の教えでも、自由でもなく、自分たちの欲望を満たす奇蹟や神秘、権威でしかなかったと、イワンは言うのです。さらにイワンは「弱虫の反逆者たち」に呪いの言葉を浴びせます。

だが、ここでもお前は人間をあまりにも高く評価しすぎたのだ。なにしろ彼らは、反逆者として創られたとはいえ、もちろん囚人だからだ。あたりを見まわして、判断するがいい。すでに十五世紀が過ぎ去ったけれど、お前が自分のところまで引きあげてやったのがどんな連中だったか、見てみるがいい。誓ってもいい。人間というのは、

お前が考えているより、ずっと弱く卑しく創られているのだぞ！　（同前）

この猛々しい言葉からもわかるように、イワンという強烈な自我を持った存在は、徹底的に世界を憎んでいます。世界は愛するに足りないものだ、したがって自分は世界の一部にはなりえないと、切り捨てているのです。

ここに世界と自己との分断が起きています。

同時に、イワンの中にはっきりと表れているのは自己嫌悪です。

自分を愛することができない苛立《いらだ》ちと焦燥。その自らへの嫌悪が外部に投射されたときに、他者への攻撃的な態度や破壊的な行為につながっていくのです。ただし、イワンの場合は、複雑に分裂した悪魔的な情念の持ち主でありながら、冷徹な理性でその破壊願望を内にとどめおいています。

しかし、世界を拒絶するイワンが、悪魔と手を結んだ大審問官に扮《ふん》して訴えたいのは、世界は許すことのできない苦難に満ちており、全人類の幸福といえども、無垢な子供の不幸、その涙を贖《あがな》うほどの価値もないという、この世界に対する嫌悪です。

そこには、じつは、自己嫌悪が宿っており、イワンは世界そのものに自我を閉ざしているのです。

現実の世界の悪や苦難に鼓舞された、世界への嫌悪と自己嫌悪が、いかにして悪を外部へと投影するように焚《た》き付けるのか、そのことを『カラマーゾフの兄弟』の登場人物たちは赤裸々に表現しています。

自分が自分でありたいと願うため、堕落した、苦難と悪に満ちた世界に自らを閉ざし、そして世界への、社会への嫌悪と敵愾心《てきがいしん》を募らせれば募らせるほど、その自我と世界を分かつミゾに、より凶悪な悪が宿ることになります。それが、殺人を、あるいはテロを、暴力を、世界の破壊を正当化することになるのです。

先述した『絶歌―神戸連続児童殺傷事件』の第一部には、そうした自己嫌悪と世間に自らを閉ざしていく少年が、生き物の殺戮と性的興奮の交錯する地点で、恐ろしいほどの破壊衝動を放出させていく顚末《てんまつ》が語られています。その未熟さ、その手前味噌《みそ》な動機付けを別にすれば、それは、悪がどこに宿るのか、そのことを示しています。

自我と世界のミゾを突破する悪?

自我と世界のミゾに悪が宿ることを、それこそ、悪魔的な分析で明らかにしたのが、ドストエフスキーの『悪霊』です。

この作品は、ロシアで実際に起きた「ネチャーエフ事件」という、現存社会を転覆させようとする秘密結社内で起きた殺人事件をモデルにしています。

とある町に、悪魔的で超人的なスタヴローギンという青年が帰郷し、それをきっかけにして町はおかしくなっていき、最後にはカーニバルのように狂気の一夜が訪れる。その一夜が過ぎた後の虚無感……。

物語の中では、事件を起こすネチャーエフに当たるのがピョートルという人物ですが、もう一人の主人公スタヴローギンも悪の象徴として描かれています。彼もイワンと同じ徹底した無神論者で、神を信じなければいかなる悪も許されるという哲学を持ち、次々と道徳に反する醜悪な行為を犯していきます。このスタヴローギンの影響を受けたキリーロフという人物は、彼の影のような存在で、「神はもう既にいない。自分こそが神だ」と言いきって、最後には自殺してしまいます。

この若者たちの裏側には、先ほど述べた世界への徹底した嫌悪、つまり世界への憎しみが見られます。物語の中では、彼らの持つ憎悪が反道徳的な行いや暴力という形になって、いたるところで吐露されています。

しかし、おかしなことに、この『悪霊』を読んでいると、スタヴローギンをはじめ、テロや破壊、暴力に向かう若者たちは完全な無神論者でありながら、ある意味においては最もキリスト教的な信仰の一歩手前まで近づいているのです。そこまで近づきながら、最後の壁の前で立ちどまっている。そして、結局彼らは信仰にはたどり着けず、世界への憎しみを破壊や暴力として吐き出すことしかできません。とくにスタヴローギンは、そうしたジレンマを内に持った人物です。

彼らの中にある自我と世界とのミゾ、世界への激しい憎しみ。

これこそ、悪の純粋形かもしれません。

ドストエフスキーは、このミゾと憎しみの構造を、はっきりと理解していたと思います。それは、悪によってしか、この自我と世界のミゾを突破できないという、最後のあがきにも似た現象です。

いわば退路を断たれた形で、悪が噴出してくる。

「自爆テロ」は、その最も悲劇的な噴出ではないでしょうか。

この意味で、テロリズムとは、自己嫌悪の脅威に対する、残された最後の反応なのかもしれません。

世界を呪い、自分をも愛せない人間は、破滅に向かうしかありません。『悪霊』のキリーロフは自殺に走りましたが、その憎悪が外部に投影されたときに、テロになるのでしょう。それは理性を欠いた破壊です。

ドストエフスキーという作家は、自我と世界とのミゾから起こる、このテロの構造を、すでに十九世紀にして理解し、『カラマーゾフの兄弟』と『悪霊』で明らかにしていたのです。彼の作品を読むたびに新しい発見があるのは、時代や人間を見る彼の眼差《まなざ》しが、恐ろしいほど先見性に富んでいるからです。

三、悪を育てるもの

悪の培養基＝資本主義？

これまで見てきたように、悪が宿る所には、実世界とのミゾ、分断が存在することがわかりました。

自分は世界の一部にはなれないという絶望感。

憎悪、拒絶感――。

その虚無の淵から悪というものが芽生えてくるのです。そして憎悪を内に秘めた悪は人知れず連鎖していきます。この悪の連鎖を確実に広げているのが、現代の資本主義であると言えるかもしれません。

資本主義をどう考えるかについてはいろいろな議論があります。ただハッキリしていることは、資本主義はその内部から正義にかなった公正な秩序を「自然に」作り出すわけではないということです。

この点で、マネー資本主義がもたらす不平等、不公正が、悪の培養基になっていることは否定できないのではないでしょうか。

資本主義の金融化が何を意味しているかといえば、金融商品が多く生まれると同時に、私たちが価値や富を生み出す源泉と考えていた生産そのものが金融化されていく、ということです。このシステムの拡大が、是正しがたい資産格差や富の不平等を生み出していることは言うまでもありません。

私たちが資本主義の不公正をある程度是正しながら、豊かさや富を保証する社会経済的なシステムを存続できていたのは、数十年前までのことです。

資本主義の開花は、悪との取引にあり——『蜂の寓話』

では、現代の金融化した資本主義が、なぜ悪の培養基となっているのか。その点をもう少し掘り下げてみましょう。

資本主義はある意味で、悪との取引によって成り立つシステムだとも言えます。この考え方は決して新しいものではありません。資本主義について、悪との取引によってもたらされる豊かさだと最初に指摘したのは、十八世紀初頭に出版されたバーナード・デ・マンデヴィルの『蜂の寓話』（一七一四年）です。

マンデヴィルは、もともとオランダ生まれの神経科医だったのですが、社会批評を数多く発表する思想家でもありました。その彼が著した『蜂の寓話』には、「私悪すなわち公益」という副題が付けられています。

この中には、まるで現代人が書いたのではないかと思うような先見に満ちた資本主義論が展開されています。

　悪の根源である強欲、呪わしくも邪悪、有害なあの悪徳は、気高い罪悪、浪費に仕えた。その傍らで奢侈《しゃし》は百万の貧乏人を雇い、険悪な自尊心がもう百万を雇った。羨望、虚栄は産業の召使いとなった。

（『蜂の寓話―私悪すなわち公益』）

産業（資本主義）を繁盛させているのは、悪の根源である贅沢《ぜいたく》や強欲、虚栄や羨望など、人間の最も下劣な性格であるというのです。

逆に言えば、一般に悪徳とされる個人の利己的な利益追求が、結果的に社会全体の利益につながるのだという主張と結びつきます。

マンデヴィルの主張は、個人の利己心の追求が社会の利益を生み出すとする、アダム・スミスの『国富論』で展開される「見えざる手」の経済観に通じています。そこには、人間は最終的に神の見えざる手によって救済されるのだというキリスト教思想が、影を落としているように思えます。

また、ゲーテの『ファウスト』にも、この考え方が基本にあります。

悪魔メフィストフェレスに魂を売ったファウストは、さまざまな悲劇に見舞われますが、最終的に人類のために大事業をしようとすることではじめて自己の救済にあずかることになります。

つまり、最後には救済される「幸運な悪」という考え方です。

たしかに悪ではあるけれど、その悪は最終的にはハッピーエンドを生み出すためのステップになるという考え方が十八世紀から十九世紀に広がり、それが資本主義というものを肯定する一つのロジックになっていました。すなわち、資本主義の開花は、悪との取引によって善を生み出すのだという虚構の上に成り立っていたわけです。

もちろんアダム・スミスの場合には、『道徳感情論』の中で共感の重要性を説いているので、必ずしもマンデヴィル一辺倒ではありませんが、資本主義の捉え方は非常によく似ています。

一方マルクスは『共産党宣言』の中で、資本主義とは、「自分の呪文で呼び出した地獄の力がもはやコントロール不可能になった魔術師に似ている」という表現をしています。

この魔術師を悪と考えれば、資本主義というのは、メフィスト的な力を借りて悪と契約を結び、その途方もない力を放出させたが、いまはそれが手に負えないものになってしまったという解釈もできるわけです。

中流のモラルを破壊した資本主義

私が資本主義を考える原点となったマックス・ウェーバーの場合は、資本主義の起源を、禁欲、節約、節制、質素、勤勉、実直、労働、倫理という、宗教に裏づけられた中産階級の「資本主義の〈精神〉」に求めています。

ウェーバーの念頭には惰弱で倦怠《けんたい》の中に眠りこけたモラルではなくて、英雄的なほどに情熱にあふれた中産階級のモデルがあったと思います。

しかし、「蓄積せよ、蓄積せよ、無限に蓄積せよ」という経済倫理の果てに、「独立した中産者層」は、やがて一つの営利機械になり、禁欲的な倫理も消え失せ、資本蓄積の従僕へと変わっていくのです。そして欲得がはびこる世界が常態化すれば、エゴイストたちがのさばり始めるのは当然の成り行きです。

そう考えると、現在の金融化した資本主義の世界の中では、結局人間は悪に染まるしかないのかもしれません。なぜなら、孤立した個人の自由と自己責任を謳歌するシステムからは、原罪によって否定的な形で繋がっている社会の連鎖が、肯定的なものへと転換しうる、という確信が根こそぎ削《そ》ぎ落とされているからです。

その確信と信頼が失われたままであると、漱石の『それから』の主人公、代助のように、親の資産にパラサイトできる恵まれた境遇にあれば、世界に自らを閉ざす「高等遊民」になるでしょうし、ドストエフスキー作品の登場人物たちであれば、テロによってその隘路《あいろ》を突破しようとするかもしれません。現代であれば、突破口が見つからないまま、無差別の殺人という形で暴発することになるのかもしれません。

しかし、それらはみな、ある意味で絶望的で自殺的な試みにすぎません。

漱石も見抜いていた「敗亡の資本主義」

この日常化した全世界を覆う悪、これに対するアンチテーゼが、また悪を生み出していくという資本主義の悪の連鎖。私たちは、いま、この悪の栄えの只中《ただなか》にいます。

その意味で、漱石の先見の明は驚くべきです。一九〇九年に発表された『それから』を読み直してみると、のちのアベノミクスを見越していたのかと思うほど、資本主義の悪について鋭い言葉を残しています。

漱石の時代は、世界的に見れば、フランスの「ベル・エポック」のように十九世紀末から第一次世界大戦の前に対応しています。それは、現在の、一％が九九％の富を牛耳るような世界、その第一段階がこの時代に花開いていたということです。その金ぴかの第一次グローバル化時代が、漱石が生きた時間とぴったりと重なり合うのです。

周囲の世界が、漱石の目にはどのように見えていたのでしょうか。具体的にそれは、『それから』の主人公・代助が、「姦通《かんつう》相手」の三千代の夫・平岡の家を訪れたときのシーンに象徴されています。

平岡の家は、この十数年来の物価騰貴につれて、中流社会が次第次第に切り詰められてゆく有様を、住宅の上によく代表した、もっとも粗悪な見苦しき構えであった。(中略)東京市の貧弱なる膨脹《ぼうちょう》に付け込んで、最低度の資本家が、なけなしの元手を二割乃至《ないし》三割の高利に廻《まわ》そうと目論んで、あたじけなく拵《こしら》え上げた、生存競争の記念《かたみ》であった。（『それから』）

このベル・エポックの時代、日本では、中流の人たちが二割、三割の利ざやを稼ぐために、みんな同じようなことをしていたのです。こうした様子を漱石は、主人公・代助を通して「敗亡の発展」と表現し、それがいまの日本の象徴《シンボル》だと言わせているのです。

敗亡の発展――いわば敗亡の資本主義でしょう。

その成れの果てがいまのような金融資本主義だとすると、漱石はこの時代の実相を敏感に感じ取っていたと言えます。「あたじけなく拵え上げた、生存競争の記念」とは、しみったれた欲望合戦の残骸ともいうべき意味でしょうか。

これは本当に驚くべき先見の明です。まさしく、いまのグローバル資本主義によって強いられている、没落していく中流のみすぼらしい姿を、はっきりと作品に映し出しているのですから。

そしてまた、アッパーな主人公・代助は、こうした時代にどう向き合っていたのか。漱石は、代助の風貌を「人の羨むほど光沢《つや》のいい皮膚と、労働者に見出しがたいように柔らかな筋肉をもった男であった」と描いていますが、『悪霊』のスタヴローギンも色男、二枚目で、誰もが魅入られる男としてドストエフスキーは描いています。しかも、どこか存在感がないという点もこの二人に共通しています。

代助は、「自己は何のためにこの世の中に生れて来たか」と、たびたび自分に問いかけますが、その都度自らの行動の意義を見失い、「アンニュイ（倦怠）」に陥ります。そして、そのアンニュイの中で、彼はある種の不安に襲われます。代助のその不安を、「現代の日本に特有なる一種の不安」として、漱石は次のように書いています。

> その不安は人と人との間に信仰がない原因から起る野蛮程度の現象であった。彼はこの心的現象のためにはなはだしき動揺を感じた。彼は神に信仰を置くことを喜ばぬ人であった。（中略）けれども、相互に信仰を有するものは、神に依頼するの必要がないと信じていた。相互が疑い合うときの苦しみを解脱するために、神ははじめて存在の権利を有するものと解釈していた。だから、神のある国では、人が嘘を吐《つ》くものときめた。しかし今の日本は、神にも人にも信仰のない国柄であるということを発

見した。そうして、彼はこれを一《いっ》に日本の経済事情に帰着せしめた。（同前）

「現代の日本に特有なる」とは言っていますが、ここには、明らかに十九世紀から二十世紀にかけてのベル・エポックの時代が終焉を迎えるときの「不安」が描かれています。日本にも同じような現象が起きていたことは間違いありません。

漱石は、資本主義によって、神もなければ人も信頼できない日本の国柄が生まれたと、痛烈に批判しているのです。そして同時にロシアにおけるスタヴローギンに通じる若者（代助）の姿も、そこに現れています。代助は『悪霊』の登場人物たちのようにテロ行為には走りませんでしたが、人倫に反する「姦通」という悪をなしています。しかし、その内実はまさしく破壊だったと言えなくもありません。

世界から切り離された人間の破壊衝動・テロ

漱石やドストエフスキーも見通していたように、悪と取引を交わした資本主義は世界の堕落、分断を生んで、人間そのものを疎外していきます。

全世界が堕落していく中で、『カラマーゾフの兄弟』のイワンは見捨てられた神に対して呪い、『悪霊』のスタヴローギンはテロと破壊への道をたどります。

漱石の生きた十九世紀から二十世紀初頭のベル・エポックの時代は、最後にどんな結末をたどったでしょうか。

この第一次グローバル化の時代は、第一次世界大戦によって終わるのです。国境を越えて資本の移動が盛んに行われ、世界経済の統合がいまと同じように進んでいたにもかかわらず、結局、過去に類例を見ない、熾烈《しれつ》な大戦争によって終焉するのです。

では、私たちの時代では悪の連鎖はどのような形に結実しているのでしょうか。それは文学や芸術による文化的な「破壊」ではなく、実際の暴力となって現れています。それが全世界で勃発《ぼつぱつ》しているテロであり、その代表が「イスラム国」の暴力です。

しかし、第一章でも述べたように、「イスラム国」自体に、コーランが示すような一貫したイスラムの思想性があるようにはとても見えません。世界を拒絶する憎悪や絶望から立ち上る破壊衝動は、目的のない、自己目的化した暴力のための暴力でしかありません。

そして悪と取引を果たした資本主義の只中にいる私たちもまた、どこかで世界を破壊したいという衝動を抱えているともいえます。こうして虚無から放出される破壊衝動が人びとを捉えはじめたときに、世界の恩寵《おんちょう》から切り離された人間たちの中から、「破壊こそがすべてだ」とテロリズムに走る者が出てくるのです。

その耐え難い苦痛から生まれる破壊衝動を他者に向けたとき、意味のない無差別殺人や最も下劣なテロへと突っ走っていくということでしょう。五、六〇年代にはまだ冷戦下でのイデオロギー闘争という意味があったとも考えられますが、現在ではテロは単なる悪、犯罪にすぎません。

これからも世界から切り離された人間は増え続けるでしょうし、その限りで悪の連鎖は止まりそうにありません。

第四章　愛は悪の前に無力か

一、悪と苦悩

悪から生み出される苦悩

苦しみそのものが彼（＝人間）の問題であったのではない。むしろ「何のために苦しむか」という問いの叫びに対する答えの欠如していたことが彼の問題であった。

（ニーチェ『道徳の系譜』）

ニーチェのこの言葉は、私たちが生きる現代を映し出す名言だと思います。いま、何か苦悩を抱えていても、いつかは救済され、苦悩から解放され、必ず自分にも福音がもたらされるというのがキリスト教の約束してくれたものでした。

これをもっと世俗的に言えば、高度成長期の時代に、たとえ中卒で学歴がなくても、金の卵として東京に出てきて一念発起して頑張れば、社長にもなれるという庶民の希望にも似ています。そう願って、実際それを実現したストーリーはあったのです。そして、そのころは苦悩する意味も自分で理解できていたと思います。

ところがいまは、蛙《かえる》の子は蛙で、資産格差、所得格差が広がり、それが世襲化されていく不平等な格差社会の中では、逆転の可能性がほとんどない苦悩を与えられています。しかもそれを改善する見込みすらありそうにないのです。

そうした状況下にずっといると、「自分は何のために生きているのか」という漠とした不安が広がり、人間は次第に虚無的になっていきます。そして、なぜ自分がつらいのか、その原因がはっきりとしなくなってくる。それが現代に生きる私たちの最大の悩みではないでしょうか。

苦悩の意味がつかめない――。その結果として、私たちは生きている意味にも確かなことを求めることができなくなっている気がします。

私の場合で言えば、かつてはなぜ、自分は国籍や民族が捩《ねじ》れた形でこの世に生を享《う》けたのか、自分のアイデンティティはどこにあるのか、日本なのか、韓国なのか、そのことに悩みました。

また、最も筆舌に尽くしがたい苦悩は、息子を失ったことです。なぜ、息子は私より先にその生を終えたのか。

「どうして自分はこんな心の病に苦しまなければならないのか」

この肺腑《はいふ》をえぐるような息子の問いに私は答えられませんでした。息子はずっとそのことを問い続けていたはずです。よりによってどうして自分だけがこんな目に遭わなければならないのか。何も悪いことをしていないのに、神がいるならば、問い質したい、そんなイワン・カラマーゾフと同じように息子も神へ問い続けていたのでしょう。

その全身を賭《か》けた息子の問いに、私はただ、その答えを先延ばしにすることしかできなかったように思います。

そして、私はその答えをイエス・キリストの受難と赦《ゆる》しに求め、ミッション系の大学の学長に就任し、息子と同じような若者たちとの心の触れ合いに残された人生を賭けるべく、大学改革に専心しましたが、大学を去ることにならざるをえませんでした。

こうした私なりの過去の経緯を振り返るにつけ、私の中には『旧約聖書』の「ヨブ」的問いがずっとわだかまったままです。この章では本書の締めくくりとして、悪とそれによってもたらされる苦悩の意味について、ヨブ的な問いの意味を深めながら考えてみたいと思います。

ルフトハンザ系航空機墜落、遺族たちの苦悩

悪とそれによって引き起こされる、生きる意味を見出せないという苦悩を考えるために、二〇一五年三月に起きたルフトハンザ系航空機墜落事件のことを取り上げてみましょう。故意に事故を起こした副操縦士は、なぜ自ら進んで飛行機を墜落させたのでしょうか。この副操縦士がうつ病であったとか、妄想癖があったとする、いろいろな分析がなされていますが、真相はよくわかりません。しかし、はっきりしていることは、彼の中に自我と世界のミゾがあったことは間違いないということです。

自分が世界の一部であるということを拒絶し、世界に対して自我が完全に閉じられてい

る。おそらく彼はそのような状態にあったのだと思います。

彼は事故を起こす前に、「世界を転覆させる」という言葉を、恋人らしき知人に言っていたという報道がありました。

世界をひっくり返すとはどういう意味でしょうか。

世界をひっくり返すほど大きなことをやってやるということなのか。その意味なら、十分言葉通りのことを彼は果たしたと言えます。何しろ日本人二人を含めた百五十人もの人間が一瞬のうちにこの世から消えてしまったのですから。亡くなった人びとは、明らかに彼の「自殺行為」の道連れとなったわけです。

亡くなった百五十人の遺族たちは、苦悩のどん底にあると思います。しかし、なぜこうなったのか、理解できる人はおそらくいません。

誰にも意味がわからないのです。

どんなにもっともらしい理由が後付けされても、誰も自分の身に起きた悲劇を納得できないでしょう。それはどこにも気持ちのやり場のない苦しみです。いわば自爆テロのような行為で、しかもそのテロ行為の意味が誰にもわからないまま、多数の命が消えてしまったのですから。

副操縦士の父親が現地を訪ねたとき、茫然として、生きているのか死んでいるのかわからないほど暗い表情をしていたそうです。この父親にも、息子がなぜそのようなことをしたのか永遠にわからないと思います。

なぜこんなことが起きてしまったのか。

その答えがまったく出てこない。

その不可思議な、謎としか言いようがないものを埋めてくれる言葉として、「悪」という言葉があるのです。説明のつかないものを何らかの形で説明しようという心理的な動機づけとして、「悪」ほど重宝なものはないからです。おそらくこの二十代の副操縦士は、悪の烙印《らくいん》を永遠に押されることになるでしょう。そうしなければ、遺族の気持ちの整理がつかないからです。

しかし、この副操縦士に悪魔がとり憑いていたと見なすとしても、なぜ彼にそんな悪魔がとり憑いたのか、その説明は誰にもできないでしょう。もし、この遺族の中に熱心なクリスチャンがいたとして、彼らはこの悪をどう受け取るのでしょうか。

二、『ヨブ記』の問い

ヨブの神への問いかけ

『旧約聖書』の『ヨブ記』の中に、旅客機墜落で巻き添えにされた人びとの遺族たちのような、理不尽な苦悩が出てきます。

ヨブの苦悩の物語は、全知全能であるはずの神があたかも悪魔にそそのかされるように、ヨブを試してみようとするところから始まります。『ヨブ記』を読んでいると、ヨブの信仰を試そうとする神の意志の苛烈さに驚くほどです。

神の許可を得た悪魔は、ヨブの信仰を試すために、ヨブの財産である家を破壊し、家畜を殺し、息子や娘たちまで死に追いやってしまうのです。それでもヨブは苦悩に耐え抜いて、神への信仰を捨てません。

するとヨブは、ヨブの身体中に腫物ができるような病にかからせ、一睡もできぬほどに肉体的苦痛を与え続けます。あまりの苦痛に全身をかきむしるヨブの哀れな姿に、妻は「そんな神なんか捨ててしまいなさい。あなたはなんて愚かなの」と、ヨブに詰め寄ります。そんな妻にもヨブは、「われわれは神から幸いも受けるのだから、災いも受けるのは当然だ」と言って、信仰を捨てません。

そんなヨブの惨状を心配して三人の友人が見舞いに来ます。

ヨブは信仰心を捨てるとは言いませんでしたが、自分の存在と生まれた日を呪うと明言します。これは神との対決を意味する言葉でしょう。

三人の友人は、なぜこんなことになったのかと、慰めとも講釈ともいえない話を代わる代わるします。一人は、「おまえはこんな不幸を背負うような罪を過去に犯したのではないか」と問い、もう一人は、「神より清廉潔白な人間がいるはずがない」と言い、また一人は「神を呪うなんて言語道断だよ」などと、ヨブを諭すのです。

そこまで友人たちに諭され、とうとうヨブは耐え切れなくなって、「いったい私はどんな罪を犯したのか教えてほしい。何が間違っていたのか教えてほしい」と、彼らに訴えます。友人たちは「それは神にしかわからないことで、試練を与えられているのだ」となだめようとしますが、ヨブの問いかけは次第に激烈なものになっていきます。

自分は真っ正直に、深い信仰を持って生きてきたのに、なぜこんな理不尽な扱いを受けるのか。なぜ全知全能の神がこんなにも自分を苦しめるのかと。

ヨブの問いは、自分のことだけにとどまらず、神が創りだしたこの世界にはなぜこれほどまでに理不尽なことがはびこっているのか、そして神はなぜそれを放っておくのかと、神への抗議に近いものになっていきます。

ここに至ってヨブは、精神的な危機だけでなく、自分がどこにいるのかさえわからない危機に陥ることになります。つまり、自分を取り巻く景色がすべてひっくり返り、世界が歪んで見え、自分がいまどこに立っているかさえわからず、その結果、人間関係も渾沌《こんとん》として、自分の存在それ自体が判然としなくなるのです。その断崖《だんがい》絶壁のようなところから、ヨブは神を問い詰めていきます。

そんなヨブの問いかけに、友人たちは誰ももう答えを出せません。

そこにやっと神が登場します。

そして、何とも傲慢《ごうまん》でカリスマ的な言葉でヨブを説き伏せるのです。

ヨブは圧倒され、言葉を失います。恐れ入って悔い改めたヨブに、神は満足し、いままで失ったすべての持ち物を二倍にしてヨブに与え、新たな子供の命も授けます。その後ヨブは、そうした豊かな暮らしの中で百四十歳まで生きたと『ヨブ記』(ヨブの回復)にはあります。

しかしヨブは本当に苦悩から解放されたのでしょうか?

納得のいかない『ヨブ記』の神

私はこのストーリーに、どうにも納得がいかないのです。まず第一に、なぜ神様がいる世界に悪魔がいるのかという疑問があります。

悪魔はこんなふうに神にささやきかけます。ヨブはあのように神を信仰し、敬虔《けいけん》な信者ではあるけれど、それは神が試練を与えないからです。だから彼はいい気になって信仰しているふりをしているだけなのですよと。それを聞いた神が「じゃあ、おまえがヨブを試してみなさい」と悪魔に言います。

つまり、このストーリーの中では、悪魔が神をそそのかしたのではなく、神が悪魔をそそのかすことになっているとしか思えないのです。

するとまたしても私の中で疑問が持ち上がってきます。

批判を覚悟でいえば、悪魔を使って人間を試そうとした神は悪意に満ちているのだろうかと……。

とすれば、全知全能の神にどうして悪があるのか、どうしてこれだけの苦悩をさせるのか。悪を妨げることができないとすれば、神は全知全能ではないということになってしまいます。

あるいは、神が悪を妨げる意志を持っていたとします。そして悪を妨げる力も持っていたとしましょう。でもどちらも沈黙させたままだとしたら、神様＝悪魔になってしまうのではないでしょうか。

ここに『ヨブ記』の最大のジレンマがあるような気がします。『ヨブ記』における私の最大の疑問は、なぜ悪魔をそそのかしてまで、神はヨブを試そうとしたのか、です。これがどうしてもわかりません。もしそれが神の気まぐれならば、神は「愛の神」ではなく、「悪意の神」になるでしょう。

その悪意を嫌というほど振りまかれたにもかかわらず、ヨブは最後に神を遠ざけて憎むのではなく、神の前にひれ伏します。そのことによって、ヨブに幸せが戻るという筋書きにも、私は合点がいきません。あまりに理不尽すぎるからです。

「答えがない」から悪がはびこる

ドストエフスキーも、『ヨブ記』のストーリーの結末に否を突きつけた一人です。『カラマーゾフの兄弟』でドストエフスキーが描いたテーマは、ヨブの問いをさらに激烈にしたものだと思います。ここでヨブの問いを問うのはイワンです。敬虔な信者アリョーシャに向かって、イワンは神への呪詛《じゅそ》を吐きだします。

人間はいたるところで残虐行為を繰り返し、切り殺し、焼き殺し、女子供に暴力を振るっている。野獣だって人間ほど残虐な行為はできはしない。一番そいつらの犠牲になっているのは子供たちだ。知恵の実を食べた父親の代わりに罰を受けているのは子供たちなのだ。こんな小さな子供が何ゆえにこんなむごい死に方をしなければいけないのか、神はなぜそんなに無慈悲なのかと。

そして、次のような言葉でイワンは神を突き放します。

俺はこの神の世界を認めないんだ。それが存在することは知っているものの、まったく許せないんだ。俺が認めないのは神じゃないんだよ、そこのとこを理解してくれ。俺は神の創った世界、神の世界なるものを認めないのだし、認めることに同意できないのだ。

（『カラマーゾフの兄弟』上）

こんなひどい世界に生きるくらいなら、自分の人生を神に返上してやるというイワン。

これは、悪から生まれる苦悩の前で人間が発する、当然の問いだと思います。イワンの問いは非常に純粋であるし、虐げられる幼子たちを見るその目には愛が感じられます。イワンの神への呪詛は、悪から発せられるぎりぎりの、愛が逆立ちした悪の表明だと私は思います。

つまり、逆立ちされたイエスのように見えるのです。

けれど、最もイエスに近いけれど、最もイエスから離れている。いわば悪が最も愛に近づきながら、愛と断絶している。そういうポジションにこのイワンという人物がいるわけです。

彼が言っていることは、ただ一つしかありません。小さな少女一人の悲惨さを何ゆえに神は許しているのかということに尽きるのです。

イワン・カラマーゾフがこの小説の中で激白することに、私もとても感じ入るときがあります。

ベトナム戦争のさ中に、戦場カメラマンの撮った一枚の少女の写真が、世界の人びとに衝撃を与えたことがありました。それは、ナパーム弾でやけどを負って、素っ裸で逃げていく少女の写真でした。その少女の姿を見ただけで、全世界の人がそこが地獄であることを知ったのだと思います。その一枚の写真がもとで、世界中からベトナム戦争への抗議の声が上がったといってもいいでしょう。

イワン・カラマーゾフの問いは、この一枚の写真に限りなく近いと思います。そして当時の世界にはまだその写真に共感できる感性が普遍的にありました。

しかし、そうした感性がいまはもうなくなってしまったのではないかとさえ思えてくることがあります。

たった一人の少女すら救えない。そんな世界は信じないと言うイワンを、ヨブ的な言葉では黙らせることはできないでしょう。

敬虔なクリスチャン、アリョーシャをしても、イワンの問いには答えられない。無論、神も沈黙したまま……。答えられないからこそ、悪がはびこるわけです。悪とは何かといえば、世界と自分への嫌悪が外側に転嫁したときに生まれる暴力や破壊行為です。それは他者のみならず、自らをも破壊していくのです。

ドストエフスキーがテーマにしたのは、人間と世界とが分断されたときに始まる、忌まわしい悪の連鎖だと私は考えています。そして、その悪の連鎖が絶え間なく起きているのが、いまの私たちの世界なのではないでしょうか。

中東では暴力と暴力、憎しみと憎しみが果てしなくぶつかり合い、ヨーロッパではムスリムを排斥しようとする人びとが日ごとに増え、日本ではヘイトスピーチがあふれ、韓国、中国では反日感情が高まるばかりです。

『カラマーゾフの兄弟』でいえば、イワンの呪詛から父親フョードルの私生児と噂《うわさ》される下男・スメルジャコフにつながる悪があり、『悪霊』では、スタヴローギンからテロリストの仲間へとつながっていく悪があります。その悪の連鎖を、私たちは今日の世界で垣間《かいま》見ているといえます。

非常に不謹慎な想像ですが、私は、ルフトハンザ系航空機のような事件は、今後もまた起こるのではないかと見ています。パイロットの中に事件を模倣する人間が出てくるかもしれません。

なぜなら、古くから悪というのは記憶と習慣から起きると考えられているからです。人間は悪事をなしたことを記憶する。そしていったん悪事をなした人間はその習慣から脱却できない、ということです。つまり、悪事は繰り返されるのです。

言うまでもなく、その悪の連鎖は耐え難い悲劇を私たちにもたらします。あの旅客機に乗っていた人びと、その遺族たちのように、平穏な日々の只中で突如として降りかかってくる悲劇があるわけです。

「なぜこんな目に遭うのか」と訴えても、悪が生み出した苦悩に答えてくれるものは誰もいません。

三、わかりにくい愛

『変身』のヨブ的状況

私たちの生きる二十一世紀というのは特に、まったく理由のわからないことによってヨブ的状況に陥ってしまう、そんな時代だと思います。

ある日突然、巨大な虫に変身してしまう、カフカの『変身』の主人公グレゴール・ザムザも、世俗的なヨブに置きかえられます。

グレゴールは、なぜ自分が家族全員に疎まれるような醜い姿に変身したのか、その理由がわからず苦しみ続けます。その苦悩の中でも、自身の仕事の約束を果たそうとしたり、両親や妹を安心させようと彼なりの心配りをするのですが、家族たちは嫌悪の目を向けるばかりです。

家族の忌むべき存在に成り果てたグレゴールは、やがて自分の苦悩の意味すら判然としなくなり、最後には自分は消えるべき存在なのだと思い至ります。グレゴールが失意のうちに死んだ日、父親が開口一番に言ったのは、「これで神様に感謝できるな」。じつに残酷で不条理な物語です。

『変身』はある意味においてはヨブ的テーマですが、グレゴールには信仰がなかったので、回答のないヨブといえます。神がいないから、ヨブのような救済はなく、最後は不条理のままで終わるのです。何の救済もない。悲劇のままぶつっと終わってしまいます。

昔、この『変身』を読んだときも感じたことですが、そこですべての論理が止まってしまうのです。『ヨブ記』のように、神が出てこない限りそこから先が見えない。ところがカフカはそこに安易な神の救済などは持ち出しません。すると、私たちは悲劇を前に、絶句したまま放り出されるわけです。

しかし、そのままで終われば、ただ絶望があるだけです。そこから逃れるために、愛を持ち出すことができるかもしれません。

だからといって、浅薄な愛を持ち出して軽々に論じることはできません。なぜなら愛というものは非常にわかりにくいものだからです。『ブライトン・ロック』のピンキーも、ピンチャー・マーティンも、神が赦しを与えようとしたとき、「お前の天国(愛)なんか糞くらえだ」と突き放します。悪は、愛を脅威と感じるものなのです。

「服従」は愛とはいえない?

では、愛は悪の力の前ではまったく無力なのでしょうか。

ヨブは、神を呪いますが、最後は圧倒的な神の力の前にひれ伏しました。ヨブはここで神の慈悲に抱かれたのでしょうか。

私は違うと思います。

一言で言えば、これは「服従」です。『ヨブ記』が言っているのは、ただ「服従しろ、問うな、問うても無駄だ」ということです。『ヨブ記』に登場する神が恐ろしいのは、ヨブがいかに無力であり、自分（神）がいかに圧倒的な力を持っているかを、ヨブに思い知らせるからです。

この聖なる圧倒的な力の前に屈服せよ、それがお前を救う唯一の道だと神が豪語する。これは神の愛と言えるのでしょうか。そうでないとすれば、いったい何なのか。このことを少し考えてみたいと思います。

自分は世界の一部と思えるか

これまで見てきたように、悪は、自分が世界の一部であると思うことができないという、自我と世界とのミゾの中に宿っていることがわかりました。

それでは、どうしたら自分が世界の一部であると思えるのでしょうか。この世界は愛するに足り、したがって自分も愛するに足るとみなすことができるかどうか。その問いへの答えが重要になってきます。

キリスト教的に言えば、それは「回心」（コンバージョン）ということになるでしょう。コンバージョンとは「転換する」という意味ですから、神の方に転換する、つまり神に目を向けるということです。人間の悪を贖うため、神も同じように苦難をともにしているのだから、神とともに苦難を乗り切ろうという解釈です。

私はここであらためて、他者との関係を考えてみたいのです。自分は世界の一部であって、自分は誰かから愛されていると考えるなら、その愛はどこから来るのでしょうか。それは具体的な他者、人間から来るものです。

私たちを変えさせるものは、世界と自分自身を愛する能力だと言えます。世界がどんなに悪いものであっても、世界と自分自身をよいものとみなすことができる能力、これが愛する能力なのです。

私たちは、自分も世界の一部であると受け入れられたときにはじめて、責任を持つことができます。責任という意味はリスポンサビリティ（response＋ability）ですから、他者に応答できるという意味です。他者が尋ねれば応答する。世界と自分自身のうちにあるすべての悪と堕落を前にして、なおも世界と自分自身を愛することは、奇跡と呼ぶべきかもしれません。

奇跡というのはマザー・テレサやイエスでなくても実現できる人はいると思うのです。私たちにその奇跡が訪れるのは、自分が世界の一部であることを受け入れた場合だけです。そしてそれを可能にするのは、他人の愛を受け入れられるかどうかにかかっていると思います。

私たちは愛されることによって愛することができる。

ではこの真理が確かなものだとすると、愛された体験を持たない人はどうしたらいいのかという問題が出てきます。そこで、再びイワンの問いかけが出てくるわけです。この世界は愛するに足る世界ではないと突き放す、憎悪にも似た拒絶感です。いま、「イスラム国」に参加する若者たちも、多分同じでしょう。世界の堕落を改めることも、世界と自我とのミゾを埋めることもできないという苦悩。その状況を、どうすれば乗り越えられるのでしょうか。

四、絶望の中でも共に生きる

漱石の描いた「世間」

そう考えると、愛というのは抽象的に超歴史的にあるものではなく、具体的なこの時代と、この社会の中で実現されなければいけないということが見えてきます。

これまで、金融化した資本主義が悪の培養基になっていると述べてきましたが、とくに顕著になったのは、七〇年代の終わりくらいからだと思います。人間というのは恐ろしいことに、思想の変化ではなく、感性の変化に一番鈍感なのです。自分の感性がいかに変わったかということがわからないのです。

しかし、私たちは少なくとも七〇年代の終わりころまでは、社会なしには人間は生きられないと思っていました。そして私たちはどこかで、社会や人間は信頼に足るものだと思っていました。それがマネー資本主義が吹き荒れる世界に翻弄されるうちに、その考えはいつのまにか消え去り、悪意ばかりが氾濫する世の中になってしまったように思えてなりません。

先に述べたように、漱石は『それから』の中で、二十世紀初頭、ベル・エポック時代の「敗亡の発展（資本主義）」を、具体的な庶民の生活描写を通じて浮き彫りにしました。しかし、漱石はただ時代とその社会を描こうとしたわけではありません。

むしろ、「世間」を描こうとしたのです。

とかく革命的なロマンティストは世間を無視・侮蔑《ぶべつ》します。世間などというものは単なる桎梏《しっこく》でしかない、語るに足らぬものだと蹴飛ばして、高邁《こうまい》な理想を語りたがるものです。自然主義文学も同じ流れで、世間を仇《かたき》のように扱い、自分がいかに世間の毒牙に傷めつけられたかを語りました。これは一種のロマン主義で、結果的には悪に行き着いてしまうのです。根本に、世界は堕落しているという呪詛があるからです。ナチズムの中にもそれがありました。そして世界を堕落させたのはユダヤ人だと、悪の矛先を向けたわけです。

しかし、漱石はそうではありませんでした。

彼は、こまごまとした日常のどうでもいいような世界にある、人間の心情や感情、人間関係の駆け引き、その細部を描き続けました。しかし、じつはそこにこそ生身の社会が投影されているのです。漱石は、間違いなく、社会・国家を考える前に「世間」があると考えていました。

彼が見つめていた「世間」とは、革命の闘士や家父長制的な暴君とは関係のない、家族であり、友人関係であり、あるいはどうしようもない人間同士のしがらみや愛憎関係でした。

モラルは世間の外にはない

なぜ漱石は自身の作品の中でそういうものを書き続けたのでしょうか。漱石は、その中で人間のモラルを説いたのだと思います。モラルというものは世間の外にあるのではない。どうしようもないこの世間の細部の中にこそあるのだと、漱石は繰り返し主張しているように思えます。

私は、漱石の説くモラルを愛や信頼という言葉に置き換えていいと思うのです。

漱石は七人の子供を持ちました。家族の中でさまざまな葛藤を背負いながら、彼は最後まで世間から出ようとしませんでした。彼は文学という営みを通じて、人のモラルの連鎖を考えようとしたのだと思います。これは人情や愛の連鎖といってもいいでしょう。

たとえそこにエゴイズムと人間不信と、どつぼにはまるような人間の修羅があっても、どこかで人の情に出会い、モラルの連鎖へとつながり得るのではないか。漱石はそう考えていたと思います。

革命や社会の変革という言葉が時おり、空々しく響くのは、そこに生身の人間の「世間」がないからです。したがって、モラルも愛も存在しない。これをすっ飛ばしては、何も得るものなどないのです。

しかし、私たちの住む「世間」にも、悪はいくらでも存在します。悪は、世間という、いかにも陳腐な人間社会から生まれてきているわけです。私たちは大なり小なり空虚を抱えて生きています。ときには世界を拒絶したいほどの憎悪に覆われることもあるでしょう。空虚さを持っていない人間などいません。

どんな人間にも暗い破壊衝動があり、人を傷つけたり蔑《さげす》んだりすることで黒い喜びを覚える部分があります。そういう暗い影を背負いながら人間は生きているのだと自覚するしかありません。

では、人間はその受け入れがたい「死の衝動」とどうすれば折り合っていけるのでしょうか。私は、それこそが漱石が生涯を通して描いてきた、世間の暮らしの中にあるのだと思います。その外側には折り合う術はありません。

人間の中にはどうしようもない空虚があり、虚無があるものです。だからこそ、喜怒哀楽の中に営まれる人間の日々があるのだと、漱石は世間の細部を描いて見せました。しがらみにとらわれた人間の日々の暮らしを、漱石は達観して、喜劇だと言いました。

しかし、悲劇が起きたとき、その喜劇の本質があぶり出されるのです。悲劇はさまざまな形で、日常の平穏を奪っていきます。それは親しい人の死であったり、突然の解雇であったり、いわれのないいじめであったり、あの『変身』のグレゴール・ザムザの身に降りかかったような理不尽で不条理な出来事であったりします。その不安も虚無も、漱石は冷静に見つめ、その悲喜劇の中でこそ、人間は共に生きる意味があるのだということを示したかったのではないか。私はそう考えています。

共に生きる

現在のグローバル資本主義は、悪の培養基となった絶望の資本主義なのかもしれません。その理由は再三言ってきたように、システム自体が悪を作り出しているからです。このシステム自体が人間の苦悩を作り出し、その苦悩を作り出すことによってシステムが生き延びられるという悪の連鎖を生んでいる。いわば、地球的規模で資本主義に悪が寄生している状況です。これは人類史上、最もグローバルな悪なのではないか。そう考えると、絶望的な気持ちになってしまいます。

でも、その絶望の中でも、他者と共に生きるしかありません。

絶望の中でも共にいれば、少しは他者の痛みが感じられるだろうし、自分の痛みも和らぐ瞬間があるはずです。たとえ一時の共感であっても、それが得られれば人は自分も世界の一部だと思えるのです。

「世間」というのは、陳腐な悪もたくさん生み出すけれど、一方で人間のモラルも共感も生み出す、清濁併《あわ》せ持った入れ物ではないでしょうか。

その入れ物の中で、ときに「ざまあみろ」とシャーデンフロイデの快感も覚えながら、その一方で人は深く共感したりできるものだと思います。弱い個人が一人では生きられないがゆえに世間がある、社会があると考えるべきです。

イワンが激しくののしったこの世界の擁護をアリョーシャが懸命にしています。アリョーシャは、この世界の良心でありモラルなのです。ほとんどイワンに論破されながらも、アリョーシャは愛を説き続けます。イワンが負の使徒継承者なら、アリョーシャは絶望の中の愛の使徒継承者でしょう。

私たちの中には、イワンもアリョーシャもいるような気がします。この社会に絶望しながらも、共に生きていくということは、人間を信じることをやめないということです。

人間を信じ、自らを世界の一部と感じ、共生のモラルを実践するところにしか、悪の栄える時代に生きる術はありません。それは、自分を見つめ、自分が自分を越えた何者かに繋がっていることを確信することです。

悪はこれからも亡びることはないでしょう。

なぜなら、この地球を覆う資本主義のシステムが、当分——その長さはわかりませんが——存続するに違いないからです。

しかし、それにもかかわらず、悪の連鎖をより人間的な連鎖へと置き換えていくために、自分の棲まう「世間」のしがらみの中で、それでも生きていくことを、私は大事にしようと思っています。

悪の連鎖が、いつの日か、人間的な連鎖へと変わっていくことを夢見て。

それは、具体的には、人を生かす社会を回復することに繋がっていくはずです。そのときにこそ、私が私であることと、この世界とのミゾに橋が架けられることになるでしょう。

その橋があれば、悪が宿る場所はどこにもありません。

なぜなら、自らを愛し、自らをこの世界の、この社会の一部とみなし、他者を愛することを知った人間は、ピンキーのような、あるいは「少年A」のような「悪」にはなりえないからです。

彼らのような「悪」が絶えるときがいつか来るのか、私にもわかりません。ただ、「生きる約束」がそれを可能にすることだけは間違いないはずです。息子の死をはじめ、いくつかの苦難を通じて、私は悪に満ちたこの世界の中で、それでもかすかな希望を持てるようになったように思います。

エピローグ

悪とは、結局、何なのでしょうか。

これまで述べてきたことからわかるように、悪とは、一言で言うと、病なのです。もう少し言うと、悪は、「空っぽ」の心の中に宿る病気です。ここでは、その病気に危うくかかりそうになった私の体験を、少し紹介しておきましょう。

私が、ひと頃、悪人や悪役に憧れていたのは、病んだ姿が妙に美しかったり、魅力的に見えたりしたからだと思います。病が魅惑的に思えたのは、私がロマン主義的な酩酊《めいてい》状態にあったからに違いありません。とりわけ、不安を抱え、この世の中としっかりとした繋がりを持てない若者にとっては、悪は何かしら心を「そそる」ものを発散しているように見えるものなのです。

振り返ってみると、最も多感な高校生のころ、私は、鉛色の空のように憂鬱でした。とにかく、憂鬱で憂鬱で仕方がなかったのです。やることなすこと、すべてが中途半端で、何ひとつ、うまくいっているものが見つからなかったのです。

学業も、スポーツも、友人も、恋人も、満足なものは何ひとつ見つからず、自らの出自にも確かな手応えがなく、ただ、気が晴れない日々を送っていたように思います。

小学校や中学校では、やんちゃで、活発な腕白だった私は、いつでもどこでも、輪の中心にいました。そんな私が、やがて輪の中心どころか、片隅でひっそりと佇《たたず》み、周囲から孤立するようになったのです。たしかに、そんな孤独感は、青春の勲章のようなものかもしれません。しかし、その時は、私は、どうしようもなく、心が楽しまず、退屈でした。

人と繋がりたい、心を割って話せる友人と繋がりたい、心を許せる恋人と繋がりたい、私を導いてくれる「先生」と繋がりたい、まだ見ぬ、未知の人と繋がりたい。そんな思いを強くしながらも、自分の周りに垣根を作り、私は自分だけの「城」に閉じこもっていたように思います。

やがて自分がこの世界の一部であるという実感をもてず、自分だけが不幸なのではないかと思えてくると、ますます世の中が疎ましくなり、外でワイワイはしゃいでいる同世代の若者を見るたびに、癪《しゃく》に障る、そんな思いに駆られたものです。

そんな時にわけもなく、こんな世界なんて消えてしまえばいいのにと、不穏なことを想像したりしました。

その思いは、夢想の中で、自分がすべての中心にいるような全能感に浸りたいという欲望へと、次第にエスカレートしていくのがわかりました。今から振り返ると、私の「空っぽ」の心の中に危うく悪が宿ることになりかねなかったのです。もちろん、臆病な私のことですから、大胆な悪をやってのけることなど到底できなかったでしょうが。

でも、幸いなことに、私の夢想は、書物の世界にその活路を見出したのです。

悪にまつわるさまざまな物語やエピソード、またノンフィクションや歴史に私の夢は膨らみ、それらが浄化《カタルシス》の役割を果たしてくれたのか、やがて私は、大学という「広場」の中で、生涯の友と出逢い、自分がこの世界に舫《もや》い綱でしっかりと繋がれているという実感を持つようになりました。

その友はまさしく私の「心友」でした。彼は私の叫びに静かに耳を傾け、そして私の存在そのものをまるごと承認してくれたのです。「心友」との出逢いを通じて、私ははじめて、心の中の空洞が確かなものに少しずつ満たされていく歓びを味わったのです。その後、幸運なことも、不幸なこともありましたが、それでも、その歓びは今でも私の身体の中に深く刻み込まれています。

私の半生の体験からわかったことは、悪が魅力的なのは、それを宿した人間が、ひたすら自分だけを信じる、確固とした自信にあふれているように見えるからです。ですが、「自分だけしか信じられない」は、やがて「何も信じられない」へと変わっていかざるをえません。なぜなら、人との繋がりを欠いた全能感は、破綻する運命にあるからです。聖書も、文学作品の多くも、そうした悪にとり憑かれた主人公たちの破綻を描いています。

もっとも、第三章で見たように、悪は栄え、今も悪はいたるところにあふれ、これからも絶えることはないように見えます。

ましてや、「自分だけを信じなさい」「自分自身をひとつの企業のようにみなしなさい」「自分という企業に投資し、ブラッシュアップし、グローバルに闘えるようにしなさい」、こんな刷り込みで、ますます「個人化」を推し進めていく資本主義がこの世界を覆っているのですから、悪が栄えないわけはありません。

「自分だけしか信じられない」が「何も信じられない」へと繋がっているとすれば、それに耐えきれず、「何かを信じたい」「これだけは信じたい」そして「信じたいから信じる」へと移り変わっていくとしても、決して不思議ではありません。

ここに別の悪が、原理主義やそれと背中合わせの反知性主義が口を開けて私たちを飲み込むことになるのです。

第一章で紹介したようなさまざまな悪の跳梁《ちょうりょう》を目の当たりにして、殺人犯や凶悪犯を「死刑にしろ」と叫びたくなるのも、じつは、そのように叫ぶ人たちが、「自分だけしか信じられない」という不安をかき消してくれる繋がりの媒体《メディア》を、必死で探し求めているからではないでしょうか。

「自分だけしか信じられない」資本主義の悪の中で、皮肉にも「犯罪」が「自分だけ」ではない、他者と、社会と繋がっているという実感を与えてくれる「媒体」となっているのです。

「自分だけを信じなさい」が、競争社会を生き抜く鉄則であるからこそ、私たちは「ざまあみろ」という悪意に染まってしまわざるをえません。しかし、そうでありながらも、他方で、私たちは見ず知らずの悪の犠牲者（犯罪の被害者やその家族）に同情を寄せ、そして殺人犯や凶悪犯に対して「こんなヤツは許せない」と怒りに駆られるのです。私たちは、一方では繋がりを否定するルールに従い、他方で、「許せない」という感情を他人と共有したい、繋がりたいという思いに駆られていることになります。

しかし、この「許せない」という感情は、何かを否定したい感情であるがゆえに、たとえば、凶悪な殺人犯が逮捕され、さらに極刑に付されると、たちまち雲散霧消してしまいます。被害者の家族や関係者は、その後もずっと喪失感に苦しまなければならないにもかかわらずです。

振り返ってみれば、悪の跳梁としか思えない犯罪が起きるたびに、そうした「焚き付け」と「冷却」の繰り返しだったのではないでしょうか。そしていつも悲しみの中に取り残されるのは、遺族やその関係者でした。

悪が、繋がりを欠くという病だとすれば、繋がりを欠くことを鉄則とする資本主義の悪を癒す、つまり繋がりを回復する契機《モメント》が、じつは「許せない」という感情の中に含まれているのです。ただ、それは否定的な感情であるがゆえに、移ろいやすく、そして一過性のものに終わってしまいがちです。

そう考えると、私は、「許せない」と思う悪（犯人）を、生かしておく方がいいのではないかと思うのです。

私は今ここで、人道主義的な立場での死刑の廃止を議論しているわけではありません。そうではなく、「許せない」という否定的な形で繋がっている感情をより持続させ、やがてそれを肯定的なものへと転じる機会があれば、私たちは、決して孤立せず、繋がっているという実感をもてるようになるのではないかと思うからです。

たとえば、殺人犯が心から悔い、「改心」を遂げ、その様子を被害者の家族が見据え、許せなくても、そこに何がしかの人間的な感動を覚えるようになれば、その顚末は、私たちの「許せない」という感情にも変化をもたらさずにはおかないでしょう。

もちろん、そんなことは起こりっこないと断言する人も多いかもしれません。しかし、そうしたことが絶対ないと言い切れるわけではないはずです。そしてそれこそが、悪に向き合う場合に最も大切な「処方箋」ではないでしょうか。悪は、繋がりを断たれ、しかも自由であることの無聊《ぶりょう》に苦しんでいる中に宿るからです。

悪が病である限り、悪はこれからも尽きることはないでしょう。でも、その中に人間性を回復する回路を見つけ出すこともできるのです。

愛するにも憎むにも他人が必要です。しかもその一人一人の他者が自分と同じように自由な存在であるとすれば、悪は人間の自由と他者との共存という、永遠のテーマとかかわっているのです。

悪の面妖な姿に惑わされず、この自由の問題と他者との共存というテーマに向き合い、自分の中の否定的な感情を肯定的なものに転化させ、自分だけでなく、他人の自由も損なわず共存していける可能性をさぐり続けること、それが世の中で、社会の中で生きるということの意味ではないでしょうか。

後書

本書を書こうと思い立ったのは、首都圏のあるミッション系の大学の学長を辞めざるをえなくなったことが大きなキッカケでした。

とくに、辞任を決意する最後の二カ月間には、表裏のある人間の言動を見るにつけ、私の中に悪というテーマが浮上してくるようになったのです。それは、大袈裟に言えば、どこか漠然とした形ではありましたが、私の中に生き続けていた人間への素朴な信頼を打ち砕く体験だったと言っていいでしょう。

もちろん、だからといって、ただ人間不信や人間嫌いに陥ったわけではありません。私はむしろ、還暦を過ぎても、ただ人間の善意によりかかっていた自分の生温い考えを恥ずかしく思うとともに、もっと深く、人間の底にあるものを理解すべきだと思うようになりました。その結果、もう一度、自らを再生させるつもりで、悪について考え抜きたいと決めたのです。

新書という性格上、より多くの読者に読んでもらいたいと思い、極力分量をおさえ、本当に伝えたい内容のエッセンスだけを本書に込めたつもりです。それでも、悪というものの正体の一部にたどり着けたのではないかと思います。また同時に、悪とどう向き合うのか、そのことがもっとも問われていることも痛感しました。

おりしも、本書の執筆の間、私の頭を占めていたのは、「国家悪」という問題でした。この悪はより巨大なテーマであり、戦後の「この国のかたち」を根本から作り替える問題とかかわっています。

ただ、この問題を深く究明するためには、本書で展開したような、聖書や文学、社会批評の成果は欠かせないはずであり、その意味で、本書をこの時期に刊行する意義があると思います。


本書が完成するまで、多くの人びとに助けられました。とくに、宮内千和子さんにはひとかたならぬお世話になりました。またいつものことながら、落合勝人編集長の激励と助言に心から謝辞を述べたいと思います。

二〇一五年八月

姜尚中

主要参考文献

中村文則『悪意の手記』新潮社、二〇〇五年
夏目漱石『それから』集英社文庫、二〇一三年
夏目漱石『二百十日・野分』新潮文庫、一九七六年
ハンナ・アーレント『イェルサレムのアイヒマン―悪の陳腐さについての報告』大久保和郎訳、みすず書房、一九六九年
マックス・ヴェーバー『プロテスタンティズムの倫理と資本主義の精神』大塚久雄訳、岩波文庫、一九八九年
グレアム・グリーン『ブライトン・ロック』丸谷才一訳、ハヤカワepi文庫、二〇〇六年
フレッド・ゲティングズ『悪魔の事典』大瀧啓裕訳、青土社、一九九二年
ウィリアム・ゴールディング『蠅の王』平井正穂訳、集英社文庫、二〇〇九年
ウィリアム・ゴールディング『ピンチャー・マーティン』(『集英社版世界の文学17 ゴールディング』)井出弘之訳、一九七七年
ドストエフスキー『悪霊』上下、江川卓訳、新潮文庫、一九七一年
ドストエフスキー『カラマーゾフの兄弟』上中下、原卓也訳、新潮文庫、一九七八年
ニーアル・ファーガソン『憎悪の世紀―なぜ20世紀は世界的殺戮の場となったのか』上下、仙名紀訳、早川書房、二〇〇七年

エーリッヒ・フロム『悪について』鈴木重吉訳、紀伊國屋書店、一九六五年
トーマス・マン『ファウストゥス博士』(『トーマス・マン全集』Ⅵ)円子修平訳、新潮社、一九七一年
バーナード・マンデヴィル『蜂の寓話―私悪すなわち公益』泉谷治訳、法政大学出版局、一九八五年
ジョン・ミルトン『失楽園』上下、平井正穂訳、岩波文庫、一九八一年
ニーチェ『道徳の系譜』木場深定訳、岩波文庫、一九五〇年
『口語訳聖書』日本聖書協会
Terry Eagleton, *On Evil*, Yale University Press, 2010.

姜尚中（カン サンジュン）

一九五〇年生まれ。東京大学名誉教授。専攻は政治学・政治思想史。著書に、一〇〇万部超のベストセラー『悩む力』と『続・悩む力』のほか、『マックス・ウェーバーと近代』『オリエンタリズムの彼方へ』『ナショナリズム』『日朝関係の克服』『在日』『姜尚中の政治学入門』『リーダーは半歩前を歩け』『あなたは誰？ 私はここにいる』『心の力』など。小説作品に『母―オモニ―』『心』がある。

悪《あく》の力《ちから》

二〇一五年九月二二日 第一刷発行

集英社新書〇八〇三C

著者……姜尚中《カンサンジュン》

発行者……加藤 潤

発行所……株式会社集英社

東京都千代田区一ツ橋二-五-一〇 郵便番号一〇一-八〇五〇

電話 〇三-三二三〇-六三九一（編集部）

〇三-三二三〇-六〇八〇（読者係）

〇三-三二三〇-六三九三（販売部）書店専用

装幀……原 研哉

印刷所……大日本印刷株式会社 凸版印刷株式会社

製本所……加藤製本株式会社

定価はカバーに表示してあります。

ISBN 978-4-08-720803-0 C0236